U0755817

生理性弱势群体
犯罪治理研究

向　鹏◎主编

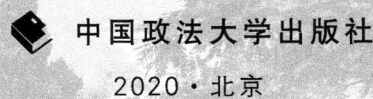

中国政法大学出版社

2020·北京

图书在版编目（ＣＩＰ）数据

生理性弱势群体犯罪治理研究/向鹏主编. —北京：中国政法大学出版社，2020.1
ISBN 978-7-5620-9401-2

Ⅰ.①生… Ⅱ.①向… Ⅲ.①弱势群体-犯罪-社会问题-研究-中国 Ⅳ.①D669.8

中国版本图书馆 CIP 数据核字 (2019) 第 295567 号

出 版 者	中国政法大学出版社
地　　址	北京市海淀区西土城路 25 号
邮寄地址	北京 100088 信箱 8034 分箱　邮编 100088
网　　址	http://www.cuplpress.com (网络实名：中国政法大学出版社)
电　　话	010-58908285(总编室) 58908433 （编辑部） 58908334(邮购部)
承　　印	北京九州迅驰传媒文化有限公司
开　　本	720mm×960mm　1/16
印　　张	12.75
字　　数	208 千字
版　　次	2020 年 1 月第 1 版
印　　次	2020 年 8 月第 2 次印刷
定　　价	52.00 元

目录

总　论

分　论

附　录二　相关法律法规

总 论

第一章

生理性弱势群体概述

弱势群体包括生理性弱势群体和社会性弱势群体。本研究主要讨论生理性弱势群体犯罪的治理问题，首先应该对生理性弱势群体进行界定，对生理性弱势群体的界定是以弱势群体界定为基础的，所以本章所讨论的是弱势群体、生理性弱势群体的界定问题，为后文的研究做铺垫。

一、弱势群体的定义

弱势群体已成为社会学、法学、政治学等学科的主要研究对象。然而，从目前的研究现状来看，学界对弱势群体的概念还没有统一的理解和认识。弱势群体本身的界定不清楚，势必影响弱势群体的科学研究。20世纪初美国的社会学家在世界上最早使用"弱势群体"的概念。此后不久，英国著名的社会学家和政策专家马歇尔对"公民权理论"进行了系统的论述，他认为公民权包括社会权利、基本民权和政治权利。教育制度和社会福利是社会权利的主要体现，换而言之，一名公民只要具有完全公民的资格，那么他就有享受社会服务和社会福利的权利。自时任总理朱镕基同志在2002年全国"两会"上首次提出"弱势群体"的概念以来，弱势群体就受到全社会的广泛关注，全社会都要求给予弱势群体特殊帮助。从研究目的和研究视角上来看，学界对弱势群体的本质属性、基本特征、内涵和外延有不同的理解，为了准确界定"弱势群体"，有必要对有关弱势群体的定义作简要的梳理。

定义1：所谓城市弱势群体，是指在社会转型时期，由于经济的、政治的和社会的等外部原因，以及技能的、文化的、观念的和身体的等自身原因，在生活上处于十分贫困的城镇人口。[1]

定义2：……弱势群体：它是指在资源配置上处于劣势地位且有困难的各类群体，含有两方面的意义，第一，弱势群体在社会资源的配置上不仅体现为经济利益的贫困性，也包括权力、信息、能力等诸方面的劣势与匮缺；第二，这一群体存在生活困难且自身无法解决，需要外部的帮助。[2]

定义3：所谓弱势群体，就是由那些在社会资源的分配过程中处于不利地位的人们所组成的社会群体……从狭义上说，所谓"弱势群体"主要是指在社会的经济生活中处于一种无助和无奈状态的人群，他们无法与其他人群进行正常的社会竞争，不得不退出主流社会，日益被边缘化，从而形成一个具有共同特征的底层社会群体。[3]

定义4：弱势群体，应该是指由于自然、经济、社会和文化方面的低下状态而难以像正常人那样去化解社会问题造成的压力，以致陷入困境、处于不利社会地位的人群或阶层；在社会变迁的进程中，这个群体是社会援助的对象，是社会福利的接受对象。[4]

定义5：弱势群体是指那些依靠自身的力量或能力无法保持个人及其家庭成员最基本的生活水准、需要国家和社会给予支持和帮助的社会群体。[5]

定义6：弱势群体是在遇到社会问题的冲击时自身缺乏应变能力而易于遭受挫折的群体。[6]

定义7：弱势群体是指创造财富、聚敛财富能力较弱，就业竞争能力、基本生活能力较差的人群。[7]

定义8：弱势群体主要包括各种病、残及意外灾害和意外事故所导致的个

---

[1] 参见周沛："城市弱势群体生存现状与救助机制研究——以南京市白下区为个案"，载《唯实》2006年第3期。

[2] 参见张友琴："社会支持与社会支持网——弱势群体社会支持的工作模式初探"，载《厦门大学学报（哲学社会科学版）》2002年第3期。

[3] 参见吴鹏森："论弱势群体的'社会报复'"，载《江苏行政学院学报》2003年第1期。

[4] 参见张敏杰：《中国弱势群体研究》，长春出版社2003年版，第21页。

[5] 参见郑杭生、李迎生："全面建设小康社会与弱势群体的社会救助"，载《中国人民大学学报》2003年第1期。

[6] 参见王思斌主编：《社会工作导论》，北京大学出版社1998年版，第17页。

[7] 参见邓伟志、苏红："关于弱势群体问题"，载《社会科学论坛》2005年第3期。

人生存和劳动能力障碍者，过高赡养系数者以及市场竞争中的失败者。[1]

定义9：弱势群体是一个相对的概念，在具有可比性的前提下，一部分人群（通常是少数）比另一部分人群（通常是多数）在经济、文化、体能、智能、处境等方面处于一种相对不利的地位。[2]

定义10：弱势群体就是在社会各个群体中处于劣势的脆弱的一群。弱势群体不是一个一成不变的概念，它的形成和演变轨迹是社会在一定的发展时期政治经济文化综合作用的结果。[3]

定义11：弱势群体是指由于某些障碍及缺乏经济、政治、社会机会而被排除在社会经济发展进程之外，不能充分享受到社会经济发展的成果，在社会上处于不利地位的人群……[4]

定义12：广义上的社会弱势群体，以政治、经济、文化和社会各个方面是否具有平等的话语权为衡量指标，凡对事关自身利益的事项缺少发言权和意志自由的群体，都可以被称为弱势群体。[5]

定义13：社会弱势群体的法学解释，即，由于社会条件和个人能力等方面存在障碍而无法实现其基本权利，需要国家帮助和社会支持以实现其基本权利的群体。可以说，社会弱势群体的最为重要的特征是其基本权利得不到实现，就像在社会学视角中，人们的生活水平没有超过贫困线一样。[6]

定义14：从社会学的角度看弱势群体是由于社会结构急剧转型和社会关系失调或由于一部分社会成员自身的某种原因（竞争失败、失业、年老体弱、残疾等）而造成对于现实社会的不适应，并且出现了生活障碍和生活困难的人群共同体。[7]

定义15：弱势群体主要是指那些劳动能力和就业能力低下，资源缺乏（就

---

〔1〕　参见杨宜勇等：《公平与效率——当代中国的收入分配问题》，今日中国出版社1997年版，第75页。

〔2〕　参见李林："法治社会与弱势群体的人权保障"，载《前线》2001年第5期。

〔3〕　参见杨团："弱势群体及其保护性社会政策"，载《前线》2001年第5期。

〔4〕　参见孙迪亮："社会转型期城市弱势群体的特征、成因及扶助"，载《理论研究》2003年第1期。

〔5〕　参见俞荣根、张立平："社会弱势群体权利缺位的法律救济"，载《重庆行政》2006年第3期。

〔6〕　参见钱大军、王哲："法学意义上的社会弱势群体概念"，载《当代法学》2004年第3期。

〔7〕　参见钱再见："中国社会弱势群体及其社会支持政策"，载《江海学刊》2002年第3期。

业信息、社会关系等），身处困境（经济、社会、政治）之中的人群。[1]

定义16：所谓弱势群体是指在生活物质条件方面、权力和权利方面、社会声望方面、竞争能力方面以及发展机会方面处于弱势地位的群体。[2]

定义17：弱势群体是由于某些障碍及缺乏经济、政治和社会机会，而在社会上处于不利地位的社会成员的集合，是在社会性资源分配上具有经济利益的贫困性、生活质量的低层次性和承受力的脆弱性的特殊社会群体。[3]

定义18：弱势群体是指由于生理性原因和社会原因，在社会地位、财富分配、政治权利行使、法律权利享有方面处于相对不利地位以及在发展方面潜力相对匮乏的人群。包括生理性弱势群体和社会性弱势群体。[4]

以上观点从经济分析视角、自身分析视角、社会分析视角、政治法律分析视角、综合分析视角及国际社会政策界等方面来界定社会群体，虽然较为杂乱，但都从不同的侧面揭示了弱势群体的内涵。出于研究的需要，本书同意定义18，即弱势群体是指由于生理和社会原因而在社会地位、财富分配、行使政治权利、享有合法权利以及发展潜力方面处于相对不利地位的人。

对弱势群体可以有多种分类，我们在此讨论几种比较有代表性的分类。

一是将弱势群体的组成部分加以简单的列举。例如，何平解释2002年《政府工作报告》中提到的弱势群体主要是指四类人：下岗工人、"体制外人员"、进城务工的农民、较早退休的企业人员。这四类的划分是基于中国当前的社会现实。

二是将社会弱势群体分为初级弱势群体和次级弱势群体。初级弱势群体是指由于成员基本生活需要得不到满足，在社会生活中遇到困难的群体。它包括：（1）无依无靠的鳏、寡、孤、独、残疾人和其他因丧失、缺乏劳动能力而无生活来源者；（2）遭受自然灾害而难以维持基本生活需要的个人和家庭；（3）由于没有固定的职业或失业等原因造成生活水平低于基本标准的家庭或个人；（4）由于其他原因造成生活水平低于基本标准的个人和家庭。与

---

〔1〕 参见崔凤、张海东："社会分化过程中的弱势群体及其政策选择"，载《吉林大学社会科学学报》2003年第3期。

〔2〕 参见薛晓明："弱势群体概念之辨析"，载《生产力研究》2003年第6期。

〔3〕 参见国际社会政策界对弱势群体的界定。

〔4〕 参见曲伶俐等：《弱势群体的刑法保护研究》，中国民主法制出版社2013年版，第6页。

贫困线一样，初级弱势群体也可以建立量化标准。当然，这个标准必须随着社会的发展而不断修正。而次级弱势群体是指社会成员的基本物质需求得到满足的群体，其心理挫折感和剥夺感是由于自身的生理和心理障碍或社会失衡造成的，这是难以适应社会，甚至形成越轨行为的社会成员的集合。

三是以城乡二元户籍制度为标准，将弱势群体分为城市弱势群体与农村弱势群体。山东大学马广海教授认为城市弱势群体包括城市失业下岗人员、在业低收入人员以及"体制外人员"，如农民工；农村弱势群体包括农村居民，特别是贫困农民。[1]

一般而言学术界将弱势群体分为生理性弱势群体和社会性弱势群体。生理性弱势群体是指那些由于生理性的原因而在生活的某些方面有所依赖、在社会竞争中处于弱势和容易被伤害的人群，主要包括老年人、残疾人、长期患病者等。社会性弱势群体是指在竞争中因社会原因处于劣势、生活困难、易受伤害的群体，主要包括贫困农民、城市农民工、城市下岗职工和失业人员。也有学者指出在"生理性社会弱者"和"社会性社会弱者"之外，还有"自然性社会弱者"，主要包括生态脆弱地区的人口、自然灾害的受害者。

基于以上认识，笔者赞同将弱势群体分为生理性弱势群体和社会性弱势群体。

二、生理性弱势群体的界定

对生理性弱势群体进行界定，必须借助于上文对弱势群体的界定。生理性弱势群体是指那些由于生理性的原因而在生活的某些方面有所依赖、在社会竞争中处于弱势的人。明确了生理性弱势群体的定义，还必须弄清它的外延，即它具体由哪些人员组成。笔者认为生理性弱势群体的外延非常宽泛，根据研究目的，本书对生理性弱势群体的讨论主要集中在对未成年人（包括童工、留守儿童）、女性、老年人、残疾人、精神病人进行讨论。

（一）未成年人

联合国《儿童权利公约》第 1 条规定，"为本公约之目的，儿童系指 18 岁以下的任何人，除非对其适用之法律规定成年年龄少于 18 岁"，即 18 周岁

---

〔1〕　参见马广海："社会排斥与弱势群体"，载《中国海洋大学学报（社会科学版）》2004 年第 4 期。

以下的人被称为未成年人。"今天的儿童就是明日世界的公民，因而他们的生存、保护和发展是人类未来发展的先决条件"。我国有近四亿未成年人，他们是提高人口素质的基础，他们能否健康成长，关系到国家和民族的兴衰。高度重视对未成年人权利的保护是我国政府的一贯政策和做法。我国政府先后颁布了一系列相应的保护未成年人权利的法律法规，如《中华人民共和国宪法》明确规定："儿童受国家的保护"，且先后出台了《中华人民共和国未成年人保护法》（以下简称《未成年人保护法》）《中华人民共和国预防未成年人犯罪法》（以下简称《预防未成年人犯罪法》）《中华人民共和国义务教育法》等，在保护未成年人权利方面进行了不懈的努力，并取得了巨大的成绩。但是在社会转型中，我国保护未成年人权利的实践仍然存在不少问题。

1. 童工问题

我国严禁使用童工，并出台多部法律禁止这一情况。但非法使用童工的现象依然存在，有许多儿童过早进入劳动力市场并成为童工。一些私营企业者唯利是图，利用童工群体易管理、维权意识弱、薪酬低廉等特点，大批量非法雇佣童工，工地小时工、市民家中保姆、饭馆服务员中都有童工的身影，一些以家庭为单位的私营小商店、手工作坊，甚至个别国营企业违反国家相关规定，招用未满 16 周岁未成年人从事简单机械和手工操作的现象也十分普遍。

2. 流浪乞丐儿童问题

由于统计标准和方法的不一致，很难准确确定我国流浪儿童的实际数量。石家庄市流浪儿童保护研究中心受国务院妇女儿童工作委员会的委托，对流浪儿童状况进行调查，调查结果显示："根据对全国几个样本城市的抽样调查研究与测算，全国民政部门每年救助的流浪儿童总数在 51 万人次以上。假设实际存在的流浪儿童人数是被救助流浪儿童人数的 2 倍至 3 倍，那么，全国每年存在的流浪儿童人数应该在 100 万至 150 万之间。"[1]

流浪儿童离开家庭，离开父母，为了生存，其中一些人选择行乞或小偷小摸。情节严重的被犯罪分子引诱、利用，出现盗窃、诈骗等各种犯罪行为，严重扰乱社会治安，对社会和谐稳定构成威胁。根据石家庄市儿童保护与救

---

〔1〕 载搜狐网 http://www.sohu.com/a/43221284_ 184627，最后访问时间：2019 年 5 月 16 日。

助中心的调查，在石家庄市被救助的街头儿童中，75.4%的人曾经进行过盗窃，62.3%的人经常盗窃，45.7%的人主要靠抢夺谋生，约占总数的一半。也有调查显示，几乎所有的受访流浪儿童都有不同程度的越轨行为。其中，35.24%的流浪儿童曾打架，30.7%的流浪儿童曾盗窃，21.45%的流浪儿童曾抢劫，14.13%的流浪儿童曾赌博，而敲诈勒索、吸毒和绑架的人数分别占7.4%、6.48%和1.26%。中华全国律师协会未成年人保护专业委员会主任佟丽华说："我们说社会进步了，但是他们没有感受社会的进步，他们还生活在很艰难的环境当中，他们会对进步的社会产生一种仇视的心理，或者因为仇视的心理，或者因为生活所迫，他要生存下去呀，有可能去犯罪了。所以说这批人是犯罪的'主力'。"[1]

3. 留守儿童问题

留守儿童问题是近年来一个突出的社会问题。随着我国社会、政治、经济的快速发展，越来越多的中青年农民涌入城市，广大农村地区出现了一批特殊的未成年人群体——农村留守儿童。据权威调查，中国农村留守儿童的数量超过5800万。57.2%的留守儿童是父母一方外出，42.8%的留守儿童的父母都外出，79.7%的留守儿童由祖父母或外祖父母抚养，13%的留守儿童由亲友抚养，7.3%的留守儿童实际抚养人不确定或无人看管。"父母在远方，身边无爹娘，读书无人管，心里闷得慌，安全无保障，生活没希望。"这则流传在江西农村的顺口溜，从一个侧面反映了农村留守儿童的现状。

留守儿童正处于成长和发展的关键时期，他们在思想认识和价值观上不能得到父母的指导和帮助，他们在成长过程中缺乏父母情感的关注和照顾，极易产生认识、价值上的偏离和个性、心理发展的异常，一些人甚至会因此而走上犯罪道路。

（二）女性

我国几千年的封建社会都是男权社会，男性在社会地位及社会生活中也相应地处于主导地位，而女性始终处于从属地位。女性参加社会活动，参与社会交往的机会非常少，缺少表达自己愿望的途径，成为被忽视的边缘化群体。1949年新中国成立，百废待兴，政府鼓励女性走出家门，参与国家建设，政治

---

〔1〕 网址：http://edu.sina.com.cn/y/news/2004-04-28/7245.html，最后访问时间：2012年6月10日。

上主张男女平等，于是就有了"解放了，男女都一样，妇女能顶半边天"〔1〕的说法，中国女性全方位地参与了国家的经济建设和政治建设。同时，我国宪法和其他法律规定了对女性的平等保护，女性在政治、经济、文化、家庭等各个方面获得了与男性平等的权利和地位。但在我国社会转型时期，我国女性的权利受到市场经济的一些影响，一些用人单位只招男工，歧视女性，女性的权益问题再次突出。女职工下岗、女大学生找工作难等问题又成为严重的社会问题。女性权利面临的主要问题表现在以下几个方面：第一，女性平等就业的实现面临障碍。在现实中，女性就业门槛高于男性，部分女性再就业困难；女职工实际就业时间短，就业年龄呈年轻化的趋势，劳动合同短期化现象严重；男女两性收入差距呈扩大化趋势。第二，女性职业健康权受到侵害。一些企业经营者法律意识淡薄，无视国家法律法规，无视女职工利益，企业没有建立工会组织或工会组织不能充分发挥作用，造成女职工权益得不到保障；企业安全规章制度不健全，安全卫生教育不普及，劳动监管体系不完善，女职工劳动保护法律法规滞后，这些原因的存在，在很大程度上侵犯了女性的权利和利益，为她们犯罪埋下了"种子"。

（三）老年人

1982 年，联合国老龄问题世界大会明确提出，一个国家和地区的总人口，如果 60 周岁以上的人超过了 10%，或者 65 周岁以上的人超过了 7%，那么这一期间，该国家或地区便已进入了老龄化社会。2013 年发布的《中国老龄事业发展报告》则明确指出，2012 年我国老年人口的数量已达到 1.94 亿人，全国老龄化水平则为 14.3%。据国家卫计委的相关研究，我国人口老龄化呈现出"规模庞大""发展迅速""老少倒置"三大特点。预计到 21 世纪中叶，即按照发展规划我国将进入中等发达国家行列之时，我国的老年人口则将达到 4.4 亿，几乎是每 3 人中就有一个是老年人。其中，两类老年人值得关注：

1. 农村孤寡老人

随着社会的发展，国家的政策向农村倾斜，农村的保障体制越来越完善，对于没有劳动能力、无生活来源、无法确定赡养人或扶养人的老年人，政府在吃、穿、住、行、葬方面给予照顾和物质帮助。近年来养老院的发展也为

---

〔1〕 载人民网 http://peopledaily.com.cn/GB/guoji/1029/2666556.html，最后访问时间：2019 年 6 月 10 日。

一些孤寡老人提供了较好的居住环境，但一部分养老院存在资金困难、管理不完善和人手缺乏等问题，致使老年人居住条件差。还有老年人看病贵、看病难的问题。老年人年龄大，发病率高，随着医疗成本的增加，老年人检查、治疗费用逐渐增加，然而农村孤寡老人的经济困难，使得他们不敢看病，不愿看病。

2. 城镇"空巢老人"

"空巢老人"一般是指子女离家后的中老年人。随着社会老龄化进程的加快，我国出现了越来越多的空巢老人，已经成为一个不容忽视的社会问题。当子女因工作、学习、婚姻等原因离家后，独守"空巢"的中老年夫妇会随之产生心理障碍症状，这种现象被称为"家庭空巢"综合征。随着中国经济的发展，老龄化问题日益突出，尤其是空巢老人现象日益突出，他们的日常生活缺乏照顾，有的地方甚至还有老人在家中离世多日才被发现的悲剧。"出门一把锁，进门一盏灯"是许多空巢老人生存状况的真实写照。首届全国智能化养老战略研讨会介绍，空巢老人比例很大，到 2050 年，无子女赡养的老年人将达 7900 万，独居和空巢老人将占 54% 以上。[1]空巢老人养老问题再次引起人们的关注。

（四）残疾人

我国是人口大国，残疾人在总人口中占了一定的比例。据统计我国目前有视力、听力、言语、肢体、智力等各类残疾的人的总数为 8296 万人，占全国总人口的比例为 6.34%。[2]尽管我国的残疾人事业有了很大的改善，但还面临诸多问题，不容忽视。比如残疾人社会保障十分薄弱，生存环境急需改善和优化，无障碍设施建设与残疾人的需求相差甚远，残疾人就业形势不容乐观，歧视现象严重，有待改观，各级残疾人组织为残疾人服务的能力需要大力提升。残疾人作为社会最困难的群体，他们生存和发展的权利应得到更多的关注，我国残疾人事业面临着许多不可忽视的问题：第一，平等就业权的实现面临着障碍。在平等就业权方面，造成我国残疾人就业困难的因素很多，最严重的就是歧视，甚至从事残疾人工作的社会人士和专业人士有时也

---

〔1〕　载亮剑网 http://www. leshan. cn/html/view/view_ 96E6FAC32BAFEE06. html，最后访问时间：2019 年 6 月 10 日.

〔2〕　载中国政府网 http://www. gov. cn/jrzg/2007－05/11/content_ 610707. html，最后访问时间：2012 年 6 月 12 日。

会歧视，这给残疾人带来严重的心理问题，给残疾人就业带来巨大的冲击。第二，受教育权难以充分实现。就目前的状况而言，残疾人的教育现状还远远滞后于健全人受教育的状况，残疾人被学校特别是高校拒收的现象在我国仍然存在，高校向残疾人所开设的专业面还很狭窄，能够接受高等教育的残疾人所占的比例更少。第三，权利救济面临障碍。残疾人在权利救济方面面临救济范围狭窄、救济方式和救济程序不健全等障碍。综上，他们的心灵会受到一定程度的创伤，这可能会导致他们走上犯罪道路。

（五）精神病人

我国社会正处于高速发展时期，社会的变革及生活节奏的加快导致大多数人很不适应。同时社会严重分化造成的心理失衡以及人的期望与实际落差增加等原因，造成当前我国精神疾病患者人数不断攀升，目前我国各类精神疾病患者人数在1亿左右，其中重型精神病患者人数在1600万左右。精神疾病患者人数庞大，国家、社会在对其救助、监管方面还存在许多漏洞，精神病患者的权利不断被侵害，这增加了精神病患者犯罪的可能。

未成年人、女性、老年人、残疾人、精神病人等生理性弱势群体所面临的问题是我国社会矛盾的集中体现，对国家和社会的责任提出了新的要求：要求国家和社会更多地关心他们，使他们能够真正地享有平等的权利，不被歧视，从而降低他们犯罪的风险。

生理性弱势群体犯罪现象

研究犯罪现象是剖析犯罪原因，探究预防对策的前提条件。本章研究生理性弱势群体的犯罪现象，研究思路是在研究未成年人犯罪、女性犯罪、老年人犯罪、残疾人犯罪、精神病人犯罪的基础上，探究生理性弱势群体犯罪的共性现象，为剖析生理性弱势群体犯罪原因和探究其治理对策打下坚实的基础。

在犯罪学研究中，类型化研究方法是一种基本研究方法。对犯罪从不同角度加以划分，然后对具有独特特征的犯罪进行专门研究，剖析犯罪现象，分析犯罪原因，拟定犯罪对策。"横看成岭侧成峰，远近高低各不同"，正如我国学者在专章研究犯罪类型时指出：犯罪类型研究具有理论、实践和犯罪预防三方面的含义，是犯罪学研究的必要步骤。不同犯罪类型具有本身固有的特点，既需要探讨多种不同类型的犯罪的共同点，更要揭示个别犯罪类型犯罪的特殊性。通过分类，可以把握犯罪的共性特征与个性特征，探寻犯罪规律。[1]

第一节　生理性弱势群体犯罪现象个性考察

只有对生理性弱势群体中不同人群的犯罪现象进行考察，才能准确地探寻生理性弱势群体的犯罪原因及对策。

---

〔1〕　参见康树华、张小虎主编：《犯罪学》，北京大学出版社 2009 年版，第 122 页。

一、未成年人犯罪现象及特点

未成年人的健康成长是关系党和国家的前途，关系民族兴衰的大事。目前的调查显示，我国未成年人犯罪的态势依然严峻，犯罪人数与前些年相比尽管有下降趋势，但总量仍然过高，并呈现出低龄化、团伙化的发展趋势，暴力犯罪突出，犯罪形势令人担忧。

（一）未成年人犯罪主体特征

1. 未成年犯的性别构成：大多数是男性，少数女性

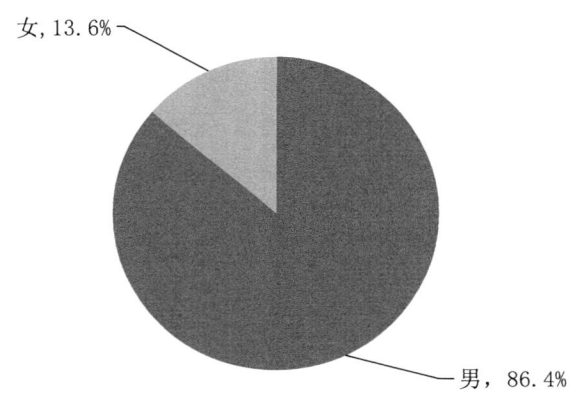

图 1　未成年人犯罪主体的性别构成统计图[1]

从上图可以看出，男性犯罪人数所占的比例为 86.4%，女性犯罪人数所占的比例为 13.6%，男性犯罪人数是女性犯罪人数的 6 倍多。尽管这个数据不能代表整体未成年犯男女性别比例的情况，但在一定程度上说明未成年人犯罪以男性为主，女性所占的比例不高。

---

〔1〕　书中图表数据除特殊标注外，均来自笔者调研时收集的数据样本，对样本进行分析所得。

2. 未成年犯的年龄构成：未成年人犯罪呈低龄化的趋势

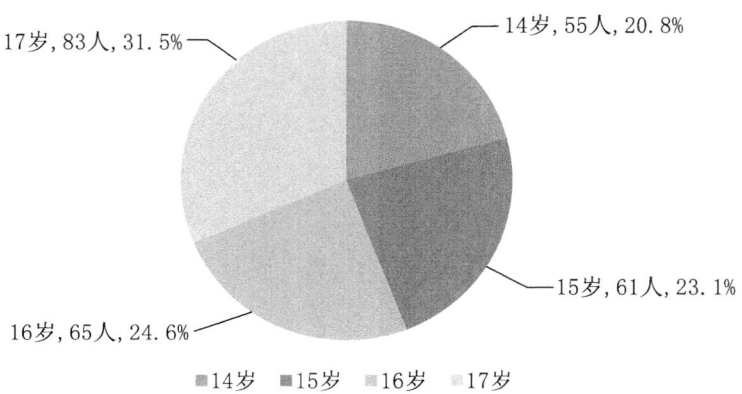

图 2 未成年人犯罪主体的年龄构成统计图

从上图可以看出，犯罪主体年龄为 14 岁的有 55 人，所占比例为 20.8%；犯罪主体年龄为 15 岁的有 61 人，所占比例为 23.1%；犯罪主体年龄为 16 岁的有 65 人，所占比例为 24.6%；犯罪主体年龄为 17 岁的有 83 人，所占比例为 31.5%；14 岁至 16 岁的犯罪主体人数为 181 人，所占的比例为 68.5%，由此可见未成年人犯罪的主体呈低龄化的趋势。

3. 未成年犯的文化构成：文化程度低，普遍为初中以下文化

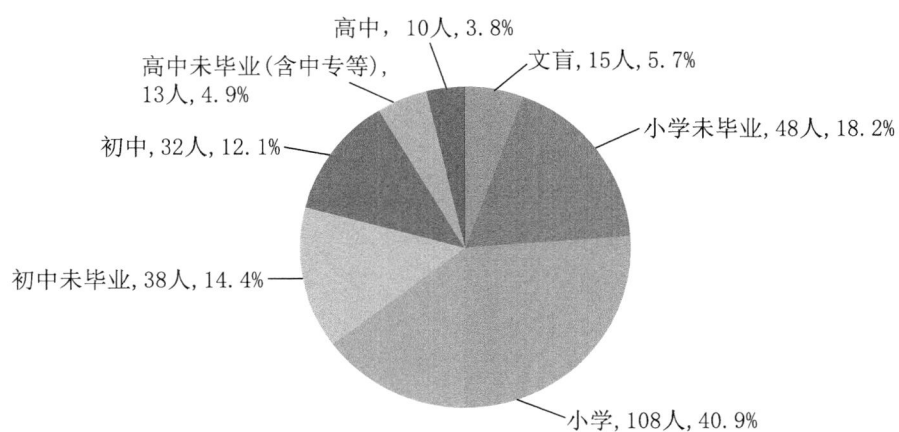

图 3 未成年人犯罪主体的文化构成统计图

调查表明，未成年人犯罪主体的文化程度普遍较低，以初中以下文化水平为主。在被调查的 264 人中，文盲人数为 15 人，所占的比例为 5.7%；小学未毕业的人数为 48 人，所占的比例为 18.2%；小学文化程度为 108 人，所占的比例为 40.9%；初中未毕业的人数为 38 人，所占的比例为 14.4%；初中文化水平的为 32 人，所占的比例为 12.1%；高中未毕业的人数包括中专、技校的人数为 13 人，所占的比例为 4.9%，高中文化程度的人数为 10 人，所占的比例为 3.8%。在调查的人数中，初中以下（不含初中）的文化水平的人数为 209 人，所占的比例为 79.2%。由此可见，未成年人犯罪主体的文化程度普遍较低，以初中以下文化水平为主。

4. 未成年犯构成：无业者、学生居多

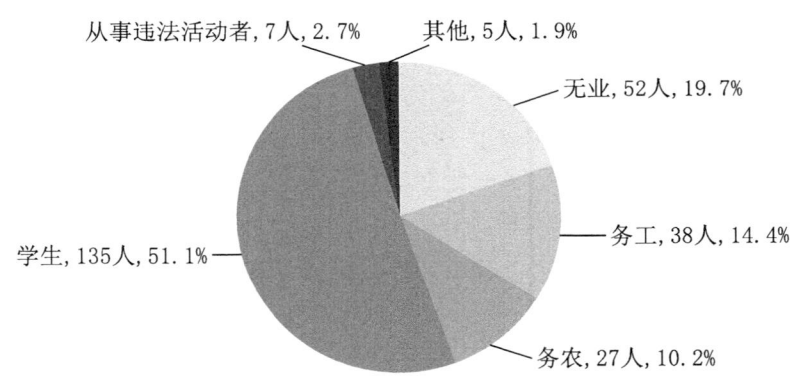

图 4　未成年人犯罪主体的构成统计图

从上图可以看出，在调查的 264 人中，无业人员犯罪人数为 52 人，所占的比例为 19.7%；务工人员犯罪人数为 38 人，所占的比例为 14.4%；务农人员犯罪人数为 27 人，所占的比例为 10.2%；学生犯罪人数为 135 人，所占的比例为 51.1%；从事违法活动者的人数为 7 人，所占的比例为 2.7%；其他职业的犯罪人数为 5 人，所占的比例为 1.9%。由此可见，在未成年人犯罪中，无业者和学生居多，所占的比例较高。

（二）犯罪类型特征

调查得知，在未成年人犯罪中，犯罪类型大多涉及财产犯罪、人身犯罪、性犯罪等。其中财产犯罪居首。

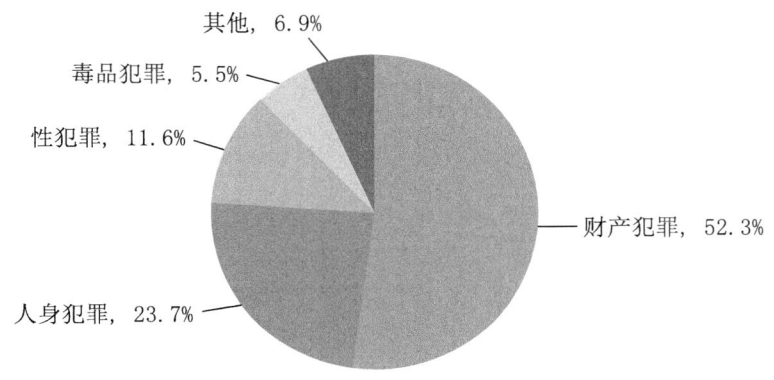

图 5　未成年人犯罪类型构成图

据上图可以得知，未成年人犯罪类型主要表现在财产犯罪、人身犯罪、性犯罪及毒品犯罪等，财产犯罪所占的比例为 52.3%，人身犯罪所占的比例为 23.7%，性犯罪所占的比例为 11.6%，毒品犯罪所占的比例为 5.5%，其他类型的犯罪所占的比例为 6.9%。由此可知，财产犯罪在未成年人犯罪中所占的比例最高。

（三）未成年人犯罪行为特征

1. 未成年人犯罪行为带有暴力特征，且游戏色彩较浓

由于某些未成年人在社会化进程中未形成健全的人格，明辨是非的能力不强，在犯罪过程中往往带有很强的暴力特征，且带有较强的游戏色彩。这种特征主要表现在抢劫行为、故意伤害行为、寻衅滋事行为中对被害人的折磨行为。犯罪主体实施这种行为通常是为了满足好奇心，或者基于比较荒谬的犯罪动机。例如未成年人抢劫案件中，犯罪主体不仅抢劫被害人的名贵首饰，还抢劫板凳、锅具之类的东西，在询问犯罪主体犯罪动机时，他们回答是模仿游戏中的场景，自己也说不准其犯罪动机是什么。[1]

仍以抢劫罪为例，未成年人在犯罪对象的选择上，通常以学生或者老人、

―――――――――――

〔1〕　参见陆志谦、胡家福主编：《当代中国未成年人违法犯罪问题研究》，中国人民公安大学出版社 2005 年版，第 66 页。

妇女、儿童为主，抢劫地点通常选择学生上学、放学的必经路口，或者是行人较少的路口拐角处。未成年人抢劫犯罪，实施的次数多，反复性较强，表现为多次在同一地点针对同一人群实施抢劫行为，通常抢劫数额较小，这类犯罪行为带有较强的游戏色彩。

2. 犯罪手段较为简单

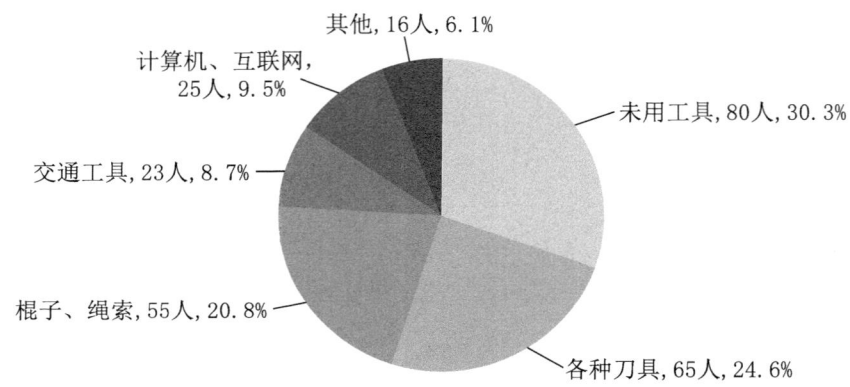

图6　犯罪工具构成图

调查显示，未成年人的犯罪手段相对于成年人来说比较简单。在被调查的未成年人犯罪中，未使用工具作案的有 80 人，所占的比例为 30.3%；使用刀具作案的有 65 人，所占的比例为 24.6%；使用棍子、绳索作案的有 55 人，所占的比例为 20.8%；使用交通工具作案的有 23 人，所占的比例为 8.7%；通过计算机、网络的方式作案的人数为 25 人，所占的比例为 9.5%；其他方式作案的有 16 人，所占的比例为 6.1%。由此看来，未成年人的犯罪手段比较简单。

3. 在未成年人犯罪中，共同犯罪居多

从收集的资料来看，在未成年人犯罪中共同犯罪的形式居多，犯罪主体仅凭自己的力量很难完成犯罪，通常需要他人的帮助才能达到犯罪目的。

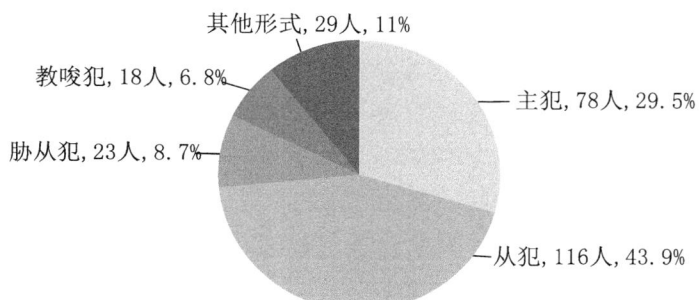

图7 共同犯罪统计图

从上图可知，在未成年人犯罪中，共同犯罪居多。在共同犯罪中，犯罪主体处于主犯地位的人数为78人，所占的比例为29.5%；处于从犯地位的人数为116人，所占的比例为43.9%；处于胁从犯地位的人数为23人，所占的比例为8.7%；属于教唆犯的人数为18人，所占的比例为6.8%；其他形式的有29人，所占的比例为11%。通过调查了解得知，在未成年人犯罪中，共同犯罪居多，但在组织结构上，多为无固定组织形式的犯罪团伙，不属于真正意义上的组织结构较为稳定、以犯罪为其目的而组成的犯罪集团。未成年人为犯罪临时聚集的犯罪团伙，存在的时间不长，一旦犯罪完成，他们就解散。

（四）未成年人犯罪的心理特征

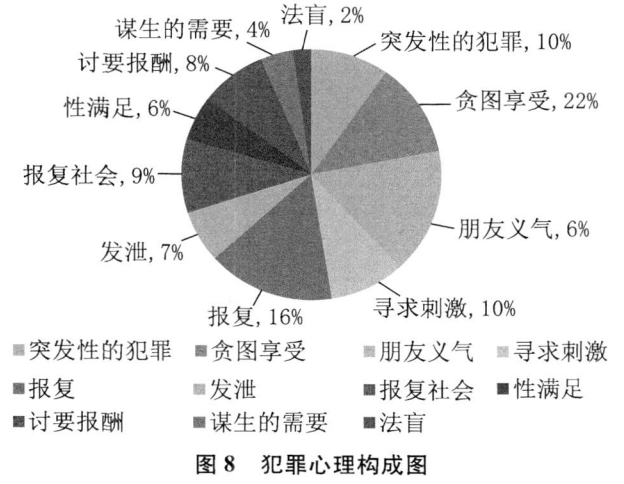

图8 犯罪心理构成图

从上图可知，未成年人犯罪的心理特征表现在以下几个方面：

1. 突发犯罪的人数较多，所占的比例较高

在被调查人员中，突发性犯罪所占的比例为10%。未成年人犯罪具有明显的突发性，对被害人的选择比较随意，犯罪具有较强的场景性，外界的刺激容易引发未成年人的欲求和犯罪动机促使犯罪形成。未成年人突发性犯罪，在抢劫罪中表现得非常突出，犯罪主体与被害人互不认识，犯罪主体临时起犯意。未成年人犯罪的突发性在性犯罪中也表现比较突出。例如，在某案中16岁的犯罪人程某在某景区玩耍时，看见被害人马某（女，18岁）一人在拍照，穿得比较暴露，程某将马某诱骗到隐蔽处将其强奸，随后对马某口袋的现金进行抢劫，抢劫后逃窜。在未成年人犯罪中，突发性犯罪的人数所占的比例较高是其特征之一。

2. 报复心理

如上图所示，有16%的未成年人犯罪是由于报复心理产生的。未成年人恰好处于人格和心理变化的关键时期，他们渴望被人尊重及享有平等的权利，但由于人格和心理的不成熟，争强好胜，逆反心理强，情感特别容易冲动，自控能力差，一旦自己的合法权利被侵犯，特别容易产生报复心理。未成年人心智不成熟，因为他人在背后说自己的坏话、发生口角或者看不惯朋友被欺负而报复他人，或者由于恋爱、嫉妒、经济纠纷、与家庭成员的关系不好而报复的情况大量存在。未成年人由于报复心理而犯罪所占的比例较高。

3. 朋友义气

如上图所示，有6%的未成年人由于朋友义气的原因而犯罪，远远高于成年人为朋友间的义气而犯罪的比例。未成年人还没有形成稳定的交往范围，还没有成年人之间的交往范围那样稳定，其犯罪无外乎两种情况：第一，碍于朋友面子，受朋友鼓动，自己逞强而犯罪；第二，彰显"江湖义气"，为朋友"两肋插刀"而犯罪。

4. 贪图享乐，追求刺激

从上图可以得知，在未成年人犯罪中，由于贪图享乐而犯罪的人数所占的比例为22%，由于追求刺激而犯罪的人数所占的比例为10%。未成年人犯罪中，有相当一部分人犯罪并非是由于贫困，犯罪主体反而觉得自己的生活条件还算可以，但由于贪图享乐，这些未成年人就通过违法犯罪等手段来满

足自己不断增长的物质需求。从调查的情况来看，许多犯罪的未成年人，平常喜欢穿梭于网吧、KTV 等娱乐场所，出手阔绰，这种高消费与其经济实力并不相符，他们很容易走上犯罪道路。同时在调查中发现，在未成年人犯罪中，一些犯罪主体是为了寻求刺激而实施犯罪，一部分犯罪主体无事可做，到处游荡，他们为了寻求刺激而不择手段，到处找人打架，寻衅滋事。

二、女性犯罪现象及特点

近年来，女性犯罪现象开始出现在公众视野中，并且越来越受到重视。女性犯罪的趋势有三个特点：第一，犯罪数量呈上升的趋势；第二，增长的态势非常稳定；第三，女性的犯罪率远低于男性的犯罪率，但犯罪增长率要比男性快。笔者在实证调研时，共收集女性犯罪人的资料 255 份。就调研的情况来看，女性犯罪的特点如下：

（一）中青年女性是女性犯罪的主力军

研究女性犯罪通常根据女性的年龄特征来划段进行。从收集的资料来看，根据女性犯罪主体的年龄特征可以将女性犯罪人划分为 4 个年龄段：第一个年龄段为 18 岁以下；第二个年龄段为 18~40 岁；第三个年龄段为 41~60 岁；第四个年龄段为 60 岁以上。女性犯罪的年龄特征如下图所示：

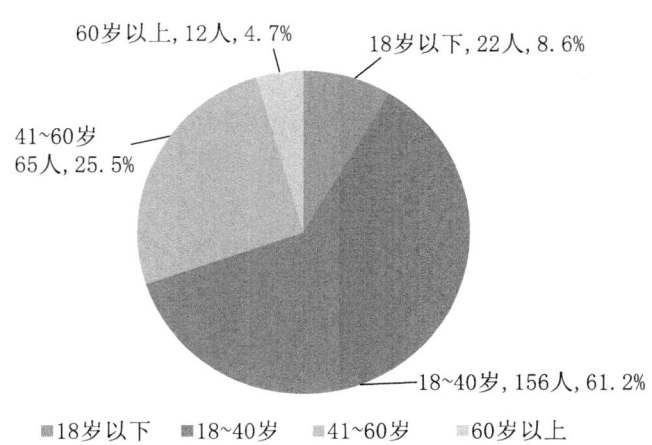

图 9　女性犯罪主体的年龄构成统计图

从上图可以得知，在 255 名女性犯罪主体中，18 岁以下的女性人数为 22

人，所占的比例为 8.6%；18~40 岁的女性人数为 156 人，所占的比例为
61.2%；41~60 岁的女性人数为 65 人，所占的比例为 25.5%；60 岁以上的人
数为 12 人，所占的比例为 4.7%。可见在女性犯罪主体中，中青年女性犯罪
主体人数居多。

（二）暴力犯罪所占的比例大

不同年龄的人，因生理及心理发育状况、生活方式、婚恋家庭等差异，
其犯罪类型也有所不同。女性犯罪所涉及的犯罪类型较多，包括暴力犯罪、
财产犯罪、毒品犯罪等，其中暴力犯罪所占的比重最大，财产犯罪其次。女
性犯罪的犯罪类型如下图所示：

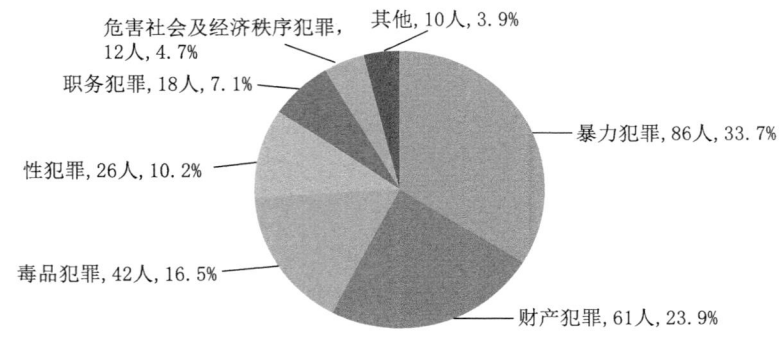

图 10 女性犯罪主体的犯罪类型统计图

据调查显示，女性犯罪类型涉及暴力犯罪、财产犯罪、毒品犯罪、性犯
罪、职务犯罪等。从上图可以得知暴力犯罪有 86 人，所占的比例为 33.7%；
财产犯罪有 61 人，所占的比例为 23.9%；毒品犯罪有 42 人，所占的比例为
16.5%；性犯罪有 26 人，所占的比例为 10.2%；职务犯罪有 18 人，所占的比
例为 7.1%；危害社会及经济秩序犯罪有 12 人，所占的比例为 4.7%；其他类
型的犯罪有 10 人，所占的比例为 3.9%。在女性犯罪中，暴力犯罪所占的比
例最大，财产犯罪次之。

（三）女性犯罪主体文化程度构成

从收集的资料来看，女性犯罪主体为文盲或半文盲[1]的数量居多，文化

─────────────

[1] 半文盲：本书中是指读过一段时间书就不读了，能够简单认识一些字的人。

程度偏低。

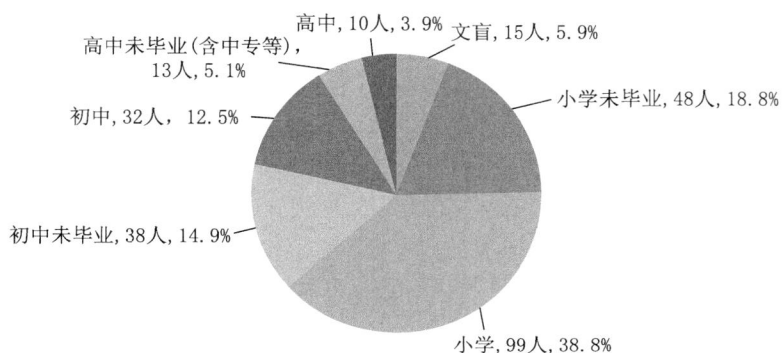

图 11　女性犯罪主体的文化构成统计图

调查表明，女性犯罪主体的文化程度普遍较低，以文盲或半文盲为主。在调查的 255 人中，文盲人数为 15 人，所占的比例为 5.9%；小学未毕业的人数 48 人，所占的比例为 18.8%；小学文化程度为 99 人，所占的比例为 38.8%；初中未毕业的人数为 38 人，所占的比例为 14.9%；初中文化水平的为 32 人，所占的比例为 12.5%；高中未毕业的人数包括中专、技校的人数为 13 人，所占的比例为 5.1%；高中文化程度的人数 10 人，所占的比例为 3.9%。在调查的人数中，初中以下（不含初中）文化水平的人数为 200 人，所占的比例为 78.4%。由此可见，女性犯罪主体的文化程度普遍较低，以文盲或半文盲为主。

（四）女性犯罪主体职业构成

从收集的资料来看，就女性犯罪主体的职业构成而言，没有工作的女性犯罪主体所占的比例最高。

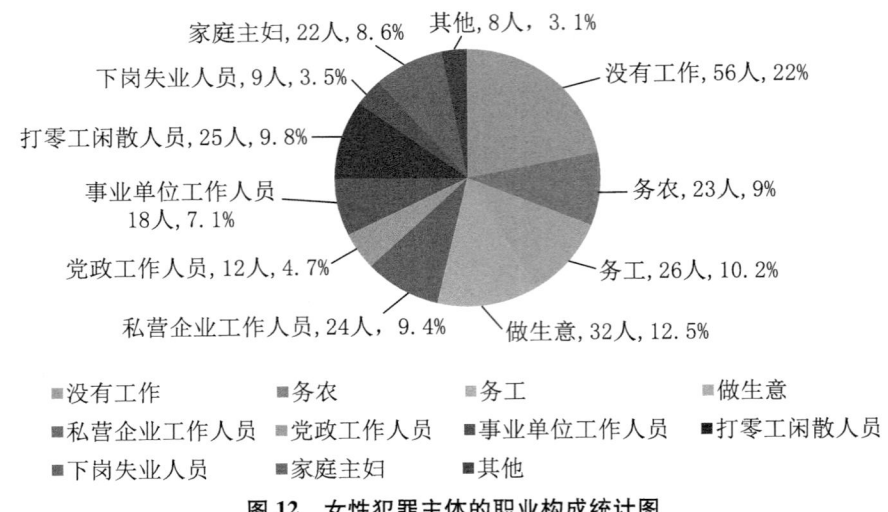

家庭主妇,22人,8.6%　　其他,8人，3.1%
下岗失业人员,9人,3.5%　　没有工作,56人,22%
打零工闲散人员,25人,9.8%
事业单位工作人员 18人,7.1%　　务农,23人,9%
党政工作人员,12人,4.7%　　务工,26人,10.2%
私营企业工作人员,24人，9.4%　　做生意,32人,12.5%

■没有工作　　■务农　　■务工　　■做生意
■私营企业工作人员　■党政工作人员　■事业单位工作人员　■打零工闲散人员
■下岗失业人员　　■家庭主妇　　■其他

图 12　女性犯罪主体的职业构成统计图

女性犯罪中，犯罪主体的职业构成较为复杂。如上图所示，犯罪主体没有工作的人数为 56 人，所占的比例为 22%；务农的人数为 23 人，所占的比例为 9%；务工的人数为 26 人，所占的比例为 10.2%；做生意的人数为 32 人，所占的比例为 12.5%；私营企业工作人员的人数为 24 人，所占的比例为 9.4%；党政工作人员的人数为 12 人，所占的比例为 4.7%；事业单位工作人员的人数为 18 人，所占的比例为 7.1%；打零工的闲散人员为 25 人，所占的比例为 9.8%；下岗失业人员为 9 人，所占的比例为 3.5%；家庭主妇为 22 人，所占的比例为 8.6%；其他职业犯罪的人数为 8 人，所占的比例为 3.1%。从各职业犯罪人数比较可以看出，女性犯罪主体中没有工作的人数所占的比例最高。

（五）女性共同犯罪趋势明显

一般认为在共同犯罪中，女性多是处于依附、从属甚至被胁迫的地位，但是从调查的结果来看，实际情况并不完全如此，在女性共犯行为中比重最高的是直接实行行为，所占的比例为 42.5%，也可以这样理解，差不多一半的女性犯罪主体是通过直接实施犯罪行为参与到共同犯罪中的。从下图可以得知，女性犯罪主体被胁迫参与到共同犯罪中的所占的比例为 17.6%；从事销赃、望风等帮助行为的犯罪主体所占的比例为 9.7%，被煽动、教唆参与共同犯罪的女性犯罪主体的人数所占的比例为 6.8%，在共同犯罪中女性犯罪主体起组织、策划作用的人数所占的比例为 15.2%，其他形式的为 8.2%。

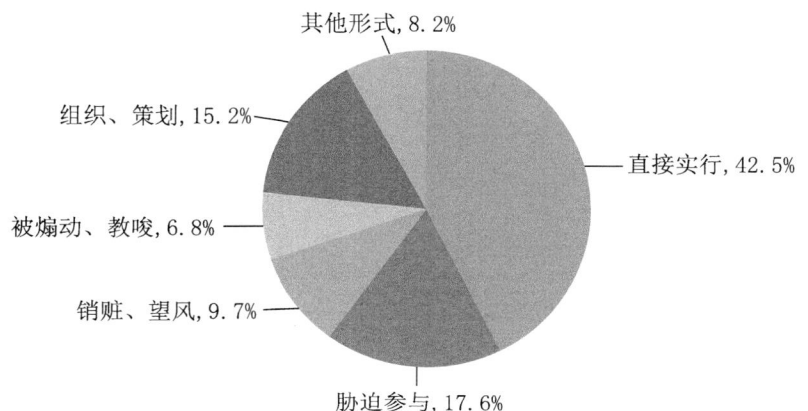

图13 女性共同犯罪分工统计图

三、老年人犯罪现象及特点

我国已经进入老龄化社会,老年群体庞大。目前,在我国已经产生了一定数量的老年人犯罪,老年人犯罪具有其自身特点。

笔者在实证调研时,共收集到老年人犯罪样本186份,其中健康状况良好的人数为37人,所占的比例为19.9%,患有疾病的人数为82人,所占的比例为44.1%,身体一般的人数为67人,所占的比例为36%。

（一）老年人犯罪主体中患病人数多

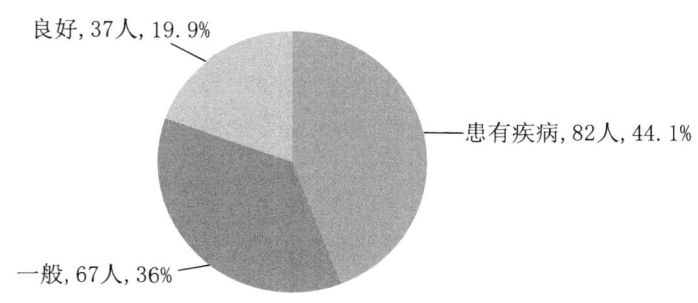

图14 老年人犯罪主体健康状况统计图

上图显示，在老年人犯罪中，犯罪主体患病的人数约占44.1%。

（二）老年人犯罪随着年龄的增加而逐渐减少

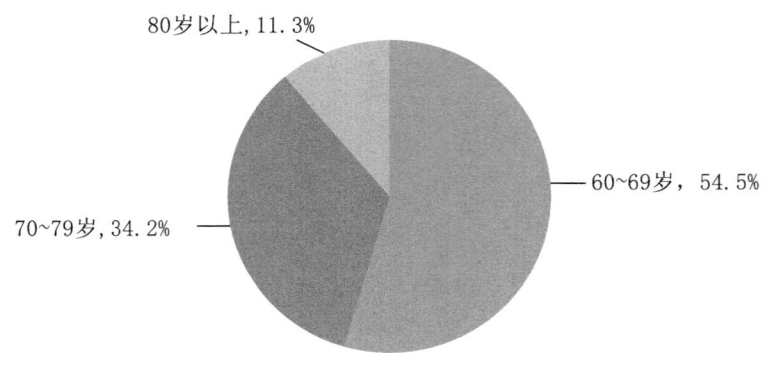

图15　老年人犯罪主体的年龄与犯罪的关系统计图

如上图所示，在老年人犯罪中，60~69岁阶段的老年人犯罪主体所占的比例为54.5%；70~79岁阶段的老年人犯罪主体所占的比例为34.2%；80岁以上的老年人犯罪主体所占的比例为11.3%。由此可见，老年人犯罪随着年龄的增加而逐渐减少。

（三）老年人犯罪的其他特点

第一，单独犯罪多于共同犯罪。从笔者收集的资料来看，老年人犯罪的180多件案例中单独作案的有130多起，共同作案的有50多起，所占的比例分别为71.5%和28.5%。第二，总体来讲，犯罪主体的文化低，农村老年人犯罪突出。在老年人犯罪中，犯罪主体的文化水平较低，法律意识非常淡薄。据调查，在老年人犯罪中，犯罪主体的文化程度文盲与半文盲的数量所占的比例达到45.2%，具有初中文化水平的人数所占的比例为8.3%。从老年人犯罪主体的职业构成来看，他们中多为农民或者是无业人员。第三，犯罪手段多样，犯罪动机相对集中。从犯罪主体的犯罪手段来看，老年人犯罪呈现出暴力性、间接性、智能性、隐蔽性等特点；从犯罪动机来看，老年人犯罪大多是为了获取经济利益，或者是宣泄情绪及满足生理的需求而进行的。第四，犯罪对象多为弱者或者是熟人。人进入老年期，健康状况及生理机能逐渐下降，社会活动逐渐减少，行动范围受限，一些老年人直接向身边的弱者及熟人下手实施犯罪行为。[1]

四、残疾人犯罪现象及特点

残疾人是全社会应该共同关注的弱势群体。他们由于自身的残疾，有时难免会在教育、就业、交往等方面受到歧视，合法权益被损害，这促使一部分残疾人在心理上会出现一定的扭曲，从而有危害社会的行为，甚至最终走上犯罪道路。

（一）残疾人犯罪主体年龄以 18~55 岁的居多

在残疾人犯罪中，56 岁以上的人数为 17 人，所占的比例为 14.4%；18~29 岁年龄段的人员有 44 人，所占的比例为 37.3%；30~39 岁年龄段的人员有 25 人，所占的比例为 21.2%；40~55 岁年龄段的人员有 32 人，所占的比例为 27.1%。

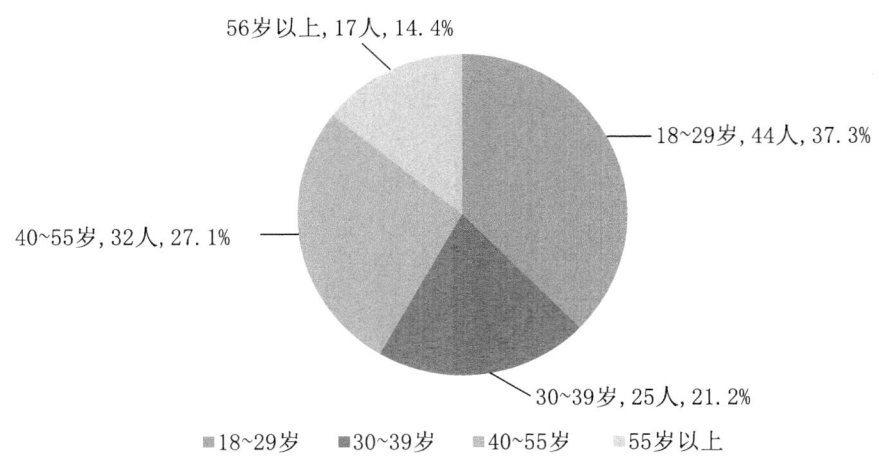

图 16　残疾人犯罪主体年龄构成统计图

---

〔1〕　参见陈永革、李缨："老年人犯罪的刑罚问题刍议"，载《西南民族大学学报（人文社科版）》2003 年第 12 期。

（二）犯罪主体为单身的居多

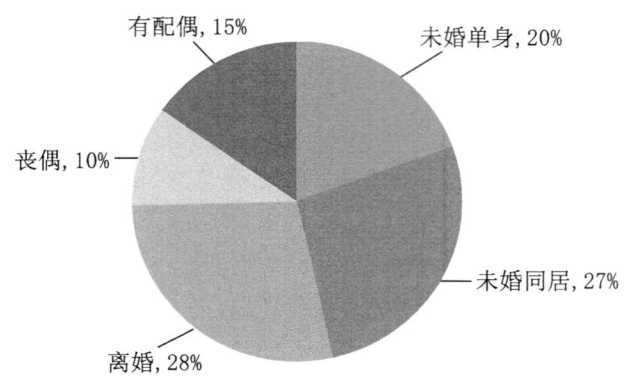

图 17　残疾人犯罪主体婚姻状况统计图

据上图显示，残疾人犯罪主体无配偶的所占的比例为 85%；犯罪主体有配偶的所占的比例为 15%。由此可见，在残疾人犯罪中，犯罪主体为单身的居多。

（三）大部分残疾人犯罪主体生活能够自理

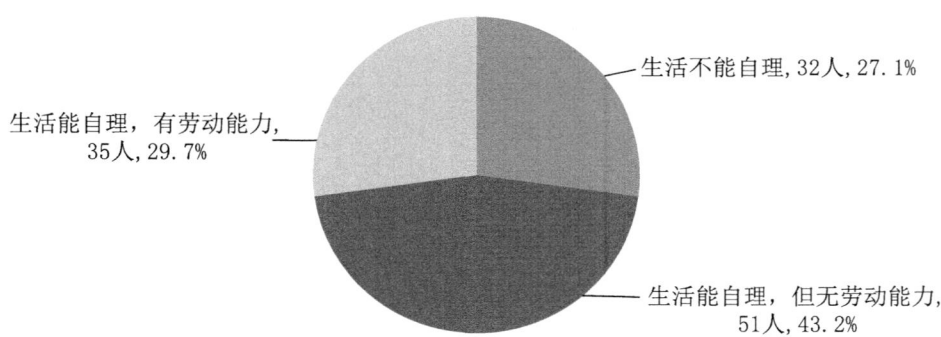

图 18　残疾人犯罪主体生活能否自理状况统计图

从上图可以得知，在被调查的残疾人犯罪主体中，生活不能自理人数为 32 人，所占的比例为 27.1%；生活能自理，但无劳动能力的人数为 51 人，所占的比例为 43.2%；生活能自理，有劳动能力的人数为 35 人，所占的比例为 29.7%；由此可见大多数残疾人犯罪主体生活都能自理。

（四）大部分残疾人犯罪主体在犯罪前感觉到有生活压力或经济压力

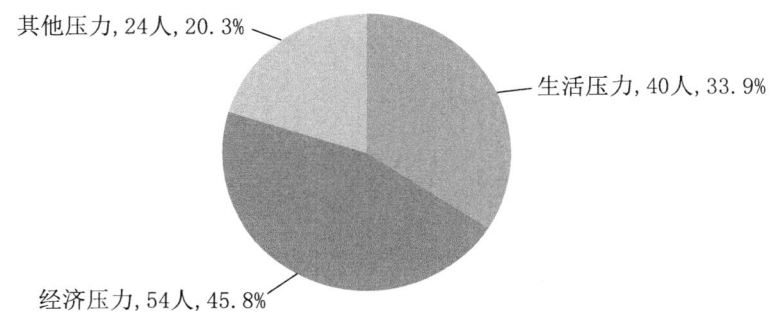

图 19　残疾人犯罪主体压力感统计图

从上图可以看出，残疾人犯罪主体中因生活压力的原因而导致犯罪的人数为 40 人，所占的比例为 33.9%；因经济压力导致犯罪的人数为 54 人，所占的比例为 45.8%；其他压力导致犯罪的人数为 24 人，所占的比例为 20.3%；由此可见导致残疾人犯罪的原因主要是生活压力及经济压力。

五、精神病人犯罪现象及特点

在司法实践中存在诸多精神病人犯罪案例，轻的有盗窃、寻衅滋事的，重的有故意伤害、故意杀人的。精神病人犯罪既是一个司法问题，又是一个亟待解决的社会问题，应引起社会的高度重视。精神病人犯罪呈现以下特点：

（一）行为人大多数是农民，且文化水平很低

在精神病人犯罪案件中，笔者在实证调研中，共收集到精神病人犯罪样本 23 件，农民的比例为 65.2%，行为人文化水平较低。其中，文盲 12 人，所占的比例为 52.2%；小学毕业 5 人，所占的比例为 21.7%；初中毕业 4 人，所占的比例为 17.4%；高中毕业 2 人，所占的比例为 8.7%。虽然有些人读过小学，能识些字，但根本没有达到小学毕业的水平。这些人的文化水平较低，其法律意识淡薄，从而导致了犯罪率的上升。

（二）犯罪的动机不明显，侵害的目标确定

精神病人犯罪通常是在精神病发作的情况下发生的，此时的精神病人认识上存在阻碍，侵害的对象不确定，往往见凶器就拿、见人就乱打。如祁某妨害公务案中，祁某无故扣留伊某的摩托车，当见到公安干警到现场处理时，因其精神病发作，辨认和控制能力削弱，先后殴打了7人，在制服其过程中也有2名公安干警被打伤。

（三）手段残忍，人身危险性大，危害后果严重

精神病人犯罪是在神智不清的情况下作出的，因其本人完全意识不到犯罪时做了什么事，造成了怎样的后果，往往作案手段都比较残忍，危害的后果比较严重。例如，患有精神分裂症的王某因一直怀疑被害人李某说其坏话而耿耿于怀，于是便产生要杀死李某的念头。一天中午，王某携带菜刀至李某家中，对毫无防备的李某头部连砍数刀，将李某当场砍死。

（四）改造的效果欠佳

许多精神病患者在犯罪后被判刑，在服刑完毕后，由于种种原因，多数人并没有被送到指定的医院强制治疗，而是重新回到社会上，致使精神病人继续危害社会的现象日益增多。例如陶某患有精神病，有盗窃的恶习，第一次因盗窃被判刑后，因其家庭无经济能力对其进行治疗，其刑满释放后，不久便又因实施盗窃被判刑。如此反复，归根到底，还是因其改造不彻底。

（五）被害人权益得不到有效保护，不利于社会稳定

精神病人长期治疗的费用，一般家庭往往都难以承受，甚少有能力赔偿受害人的损失。被害人在人身、财产受到侵害后，精神上遭受的打击就已经很大，如果其损害又得不到合理赔偿，合法权益得不到有效保护，极端情况下可能又会采取以牙还牙的方法，导致新的刑事案件的发生，这极其不利于社会稳定。

第二节　生理性弱势群体犯罪的共性特征

上文中我们探寻了生理性弱势群体犯罪的个性现象，本节探讨生理性弱势群体犯罪的共性特征。

一、犯罪主体的文化程度较低

未成年犯罪主体以初中文化水平以下为主；女性犯罪主体的文化水平以

文盲或者半文盲为主；老年人及残疾人犯罪主体的文化水平都不高。

就未成年人犯罪而言，未成年人犯罪主体的文化程度普遍较低，以初中文化水平以下为主。笔者共收集的未成年人犯罪有效样本为 264 份，他们的中间有文盲，有读过小学中途辍学，有读完小学，有读过初中中途辍学的，有读完初中的，还有读过高中、中专与技校，从整个文化水平的构成来看，初中以下的文化水平的人数为 209 人，所占的比例 79.2%，由此可见未成年犯罪主体以初中文化水平以下为主，文化水平不高。

就女性犯罪而言，她们的文化水平也不高，以文盲或半文盲为主。笔者在调查中收集的 255 份样本中，她们的文化水平包括文盲不识字的、小学辍学与读完小学、初中文化水平及在初中阶段辍学的，还有高中水平或相当于高中水平（中专、技校毕业），就人数与所占的比例来讲，初中以下的文化水平的人数为 200 人，所占的比例 78.4%。由此可见，女性犯罪主体的文化程度普遍较低，以文盲或半文盲为主。

就老年人犯罪而言，他们的文化水平也较低，有些犯罪的老年人连自己的名字都写不清，在调查时他要委托其他人代写自己的名字，具有初中文化水平以上的人数不多。有一些老年犯做了违法行为之后甚至不知道自己已经触犯了法律，有一些老年人误读了《中华人民共和国刑法修正案（八）》（以下简称《刑法修正案（八）》），认为自己已经满 75 周岁了，犯法已经"没事"了，还有一些老年人，参加了封建迷信等活动，都是文化水平不高的体现。

二、犯罪类型主要体现在财产、暴力犯罪

未成年人犯罪的类型，主要体现在财产型犯罪、暴力型犯罪等。就财产型犯罪而言，以非法占有财物为目的的财产型犯罪是未成年人犯罪的主要类型，所占的比例很高。未成年人的财产型犯罪，一部分具有以非法手段谋求温饱的特点；相当数量的犯罪分子是为了满足非分的享乐愿望，是为了挥霍。

就未成年人暴力犯罪而言，未成年人犯罪暴力化是指未成年人凭借自身的自然力或者借助一定的具有杀伤性能的器械以强暴手段或以其他危险方式，对人或物施暴并造成一定损害后果或有可能造成危险的危害社会的行为。调查中发现，未成年人正在由实施抢劫的财产性伤害转向以危害被害者人身性伤害的杀人、强奸等犯罪方式，在犯罪过程中，犯罪手段充满暴力。在实施

犯罪过程中，有许多未成年人罪犯的犯罪行为同时造成被害人的人身伤害和财产损失。

现阶段未成年人中独生子女较多，从小生活条件较好，在家有父母长辈的溺爱，在外与周围同学、朋友的相处中遇到不如自己意愿的事情时不能理性处理，认为自己受了委屈，容易扩大情绪，一旦与他人发生口角便不顾及后果大打出手，更有刀刃相见的情形发生。在本次调查中，有一部分故意伤害案件中，犯罪嫌疑人都是随身携带刀具，存在"防身"的思想，这在社会中造成了极大的不稳定因素。

女性犯罪的类型主要表现在财产犯罪和暴力犯罪两个方面。女性财产型犯罪的方式包括盗窃、诈骗、贪污贿赂犯罪，每一种类型犯罪各有特点。第一，女性盗窃犯罪。女性盗窃犯罪的手段方式与男性存在一定的区别，其往往在实施犯罪时有预谋，手段较为隐蔽，常通过团伙作案的方式进行犯罪活动，此外由于女性自身身体限制，决定了其盗窃的对象往往是那些便于携带的贵重物品，例如金银首饰、现金等价值相对较高物品。第二，女性诈骗犯罪。随着社会经济文化的快速发展，使得人们对物质生活有了越来越高的追求，女性也开始走出传统的束缚，开始接触到更多的物质生活，但部分女性群体，由于自身因素所限制，经济收入无法满足现实的需要，因此企图通过个人诈骗，甚至团伙诈骗的方式谋取钱财。与男性诈骗犯罪相比，女性诈骗往往以自身弱势作为缺陷、利用被害人的同情心、利用自己美丽的外貌使得被害人疏于防范，陷入错误认识而处分了自有的合法财物。第三，女性贪污贿赂犯罪。这类犯罪主要是指女性具备特殊身份，其利用自身所具有的国家工作人员身份，利用职务上的便利，非法贪污公共财物或收受他人财物。大多数女性在国家工作人员的岗位上，起初是做事认真、富有责任感的公务员，后来自制力下降，虚荣心膨胀，以致开始忘掉自身的责任，为了金钱利益，开始铤而走险。

笔者调查发现女性暴力犯罪的主要特点在于：第一，多有预谋。多数女性暴力犯罪主体是在长期高压的环境下，无法排解内心的不满，经过一定时间思考预谋实施犯罪活动。第二，多发生在家庭环境中，通常较为隐蔽。多数女性暴力犯罪者是家庭妇女，尤其是生活在农村的女性，丈夫一般文化程度不高，依然存在一些封建思想，或大男子主义，在这样的家庭环境中，女性往往容易长期遭受歧视，以致可能有预谋的实施暴力犯罪以宣泄内心的不满情绪。第三，侵害的对象较为单一，动机非常简单。前已所述女性暴力犯罪多发生在家庭环境中，其动机通常非常简单，就是报复，宣泄压抑已久的不满情绪，侵害的对象较为集中，往往都是自己的亲人。

就老年人犯罪而言，财产型犯罪与暴力犯罪的比例也不少。虽然老年人犯罪率比较低，但犯罪类型却很广泛，老年女性犯罪类型较为单一，多集中在财产型犯罪，如盗窃罪等，老年男性的犯罪类型则包括暴力犯罪、财产型犯罪、职务犯罪等多个领域。据调查发现，暴力犯罪在老年犯罪中占有很大的比重。在大部分较为闭塞的农村地区，民风较为淳朴，居民的物质欲望较为淡薄，并且这些地区一般不存在非常复杂的社会关系和经济关系，因而财产犯罪较少；但由于农民的文化结构水平普遍偏低，再加上受社会活动范围狭小的限制，在人格构造方面极易形成某些缺陷，如好走极端、心胸狭窄、性情刚烈等，遇到矛盾倾向于通过原始的暴力手段解决问题，因而实施暴力犯罪较多。尤其是老年男性，感情易冲动，自制力较差，受到外界刺激后，经常会借用铁锹、镰刀等农具乘被害人不备实施暴力侵害行为，且一般比较容易得手。另外，因子女不孝而"大义灭亲"类的暴力犯罪也占有一定比例。

暴力犯罪是精神病人最常见的犯罪，精神病人犯罪中有 30% 系属暴力犯罪，这个比例明显高于精神正常者犯罪人群中暴力犯罪的比重。这是因为精神病人由于不能适应或不能很好地适应社会，往往以敏感、戒备的态度面对社会；加上社会环境恶劣、经济生活方面窘迫、人际交往方面的冷遇，往往加重他们的心理压抑程度。从而导致他们在妄想、幻觉中感受到实际不存在的危害或者对现实存在的危害进行扩大化估计，从而采取简单粗暴的手段进行防卫反击。

第三章

生理性弱势群体犯罪的原因

一、非个体因素

生理性弱势群体犯罪的共性原因包括非个体因素及个体因素两方面，非个体因素包括社会原因、经济原因等。

（一）社会原因

社会原因是导致生理性弱势群体犯罪的一个重要原因。就未成年人犯罪而言，由于大量农村劳动力盲目无序流动，城市就业难度加大，一些家庭生活困难，无法控制子女的行为。同时，这些未成年人受外界不良影响，在其道德意识本就没有得到巩固的前提下，出现不同程度的道德滑坡，从而引发犯罪。目前，我国九年义务教育只能保证中小学的学习和教育，有很多学生在初中毕业后不能继续读书。同时，受年龄等因素的制约，这些孩子也不能工作。在这个"空白"的教育成长阶段，容易引发未成年人犯罪，危害整个社会。就女性犯罪而言，一些女性在就业中受到歧视和限制，合法权益被侵犯等，这些因素都会促使部分女性走上犯罪的道路。就老年人犯罪而言，对退休生活的不适应，经济上贫困，子女的照顾不周，社会保障制度的欠缺都是造成老年人犯罪的原因。就残疾人犯罪而言，家庭和社会对残疾人不够关心，一些不公平待遇的存在，许多家庭不愿承担监护和照顾残疾人的责任，同时，缺乏一系列有效的残疾人管理和保障机制，特别是在残疾人的就业、生活和个人需要方面，这些因素都可能诱发他们犯罪。就精神病人犯罪而言，监护人监护责任的不到位，法律法规的不健全以及精神病人犯罪行为实施后强制医疗过程的缺失等，都是导致精神病人犯罪的主要原因。综上所述，社会对生理性弱势群体的保障不够完善，使他们享有的基本权利得不到保障，是引发其走上犯罪道路的主要社会原因。

（二）经济原因

目前，我国经济体制已由计划经济向市场经济转变。计划经济是国家按计划分配生产要素的经济形式，市场经济是市场调节生产要素的经济形式，劳动力的广泛自由流动是市场经济的重要特征之一。大量流动人口涌入，必然给流入地区带来许多社会问题。首先，作为流动人口重要组成部分的生理性弱势群体，政府对其的管控难度大。其一切行为和社会关系都处于"自由无组织"状态，其户籍地政府和流入地政府在一定意义上很难控制这些生理性弱势群体。其次，大量人口流动伴随着大量的资本流动，这些资本由于缺乏有效的保护，往往成为犯罪目标。再次，大量人口流动为罪犯的逃匿提供了便利。一些犯罪分子利用这种宽松的社会环境流窜作案，给公安机关的侦查和逮捕带来很大困难。此外，经济体制改革必然会影响经济结构的调整，原劳动密集型经济模式向技术密集型经济模式转变，必然会增加大量失业人口，在失业与难就业的双重压力下，将产生严重的社会问题，甚至诱发犯罪问题。

二、个体因素

就生理而言，发育程度、性别特征、体能等原因对生理性弱势群体犯罪的影响颇大。就未成年人犯罪而言，影响其犯罪的生理特点主要有两个，首先是生理发展不健全。未成年人处于心理和生理发育阶段，可塑性强，抗腐蚀能力差。未成年人社会经验少，缺乏必要的对错观念。他们经常用朋友义气来代替朋友的健康友谊。如果受到外部不利条件的诱惑和影响，往往会形成绝望、极端冲动、复仇的心理，甚至陷入违法犯罪的深渊。其次，未成年人在生理上具有易冲动的特性。未成年人当遇到外力作用的时候，往往不能抑制自己的情绪和行为，从而造成故意犯罪的严重后果。就女性犯罪而言，女性较男性在生理发育上的弱势和女性的特定生理期是影响其犯罪的主要生理特点。女性犯罪攻击性较小，女性的主动性、支配性和自信心与男性相比较差，犯罪依附性较强，发生率较低。有犯罪学家通过研究，认为女性月经期间和闭经期间这两个特殊的生理时期对女性行为失范具有影响。就老年人犯罪而言，老年期的生理变化极大地影响着其犯罪。当自己的负面情绪无法通过合理的渠道宣泄时，就可能导致老年人以极端的方式发泄不满，由此他们会走向犯罪的道路。而且，由于其生理的变化，老年人的犯罪行为除了暴力犯罪外，财产犯罪和性犯罪也比较多，从实践中的大量案例发现，老年人由于体能上的变化，往往使用引诱、胁迫等方式对未成年少女或患有精神病的妇女实施强奸行为。

就心理而言，从女性犯罪来看，女性暴力犯罪主体大多存在心理障碍和人格缺陷。有些女性心理素质较差，如果她们不满意，她们就会有报复或愤怒的心理。而且面对冲突，她们不容易平静下来，容易采取极端的方式包括实施违法犯罪行为进行发泄。此外，受传统思想的影响，我国部分妇女仍然遵循"男尊女卑"等封建思想。尤其是在我国一些偏远山区，对女性角色的认识从未摆脱封建习俗的束缚。这些女性仍有较强的心理依赖性，缺乏独立的个性，对于棘手的问题，有可能产生心理异常，从而犯罪。就老年人犯罪而言，感觉能力衰退（如听力下降、视力减退）、近事遗忘（对发生不久的事情的遗忘）增强、自身抵抗能力降低等现象，使老年人对事物的认识出现问题，从而引起他们的猜疑心理和被害妄想，总怀疑别人要侵害自己，因而往往会由于猜疑被害而产生防御性的犯罪行为。

总之，就观念层面的心理原因对生理性弱势群体犯罪的影响而言，古典犯罪学理论认为，犯罪是罪犯在进行理性思考之后进行的，所以犯罪行为反映了罪犯的可耻意识形态。事实上，生理性弱势群体中的犯罪主体多半缺乏法律意识，其价值观、道德观等也确实常常偏离了社会共同生活的要求，与社会主流意识格格不入。正是这些偏差和不足，导致生理性弱势群体产生对社会的错误认识和对自身行为的错误评价，最终实施了社会所不能容忍的犯罪行为。

第四章

生理性弱势群体犯罪在刑事立法上的治理对策

生理性弱势群体之所以犯罪，在一定意义上讲是由于其权利得不到保障而导致的，为了预防和减少生理性弱势群体犯罪的发生，必须对生理性弱势群体的权利进行保护。本章是在考察国外刑事立法对生理性弱势群体权利保护的规定及追溯与借鉴中国古代、近代刑法对生理性弱势群体权利保护的规定的基础上，对生理性弱势群体权利保护的刑事立法规定提出完善建议，从而预防和减少其犯罪。

第一节　国外生理性弱势群体犯罪的刑法治理

目前，许多国家的法律对生理性弱势群体的保护及其犯罪规定得非常详细，形成了较为完整的法律治理体系。本节通过讨论国外刑事立法对生理性弱势群体的保护及其犯罪规制的相关规定，探究我国生理性弱势群体犯罪在刑事立法上的治理对策。

一、未成年人犯罪

（一）刑事责任

1. 刑事责任年龄段的划分

国外对未成年人刑事责任年龄的划分主要有以下几种形式：其一，"两分制"，将刑事责任年龄阶段划分为绝对无刑事责任时期和完全刑事责任时期；其二，"三分制"，将刑事责任年龄阶段划分为绝对无刑事责任时期、减轻刑事责任时期和完全刑事责任时期；其三，"四分制"，将刑事责任年龄阶段划分为绝对无刑事责任时期、相对有刑事责任时期、减轻刑事责任时期和完全刑事责任时期。"四分制"的国家有西班牙，《西班牙刑法典》规定，未满 7 周岁为绝对无刑事责任时期；已满 7 周岁不满 15 周岁为相对有刑事责任时期；已满 15 周岁不满 18 周岁为减轻刑事责任时期；满 18 周岁为完全刑事责任时期。[1]"三分制"的国家有意大利，《意大利刑法典》第 97 条、第 98 条规定，不满 14 周岁为绝对无刑事责任时期，已满 14 周岁不满 18 周岁为相对有刑事责任时期，即行为人只有能够辨认和控制自己的行为时，才负刑事责任，而且必须减轻处罚；满 18 周岁为完全刑事责任时期。

2. 刑事责任年龄起算

许多国家将刑事责任年龄最低规定为 14 周岁；一些国家规定的起算点则较低：法国为 13 周岁、土耳其为 12 周岁；另一些国家对刑事责任年龄的规定起点相对较高，波兰为 17 周岁，巴西为 18 周岁。

3. 死刑不适用于未成年人

第一种方式为绝对不适用死刑，但是同时也不能适用无期徒刑，只能相应减为有期限的自由刑。如《俄罗斯联邦刑法典》不仅规定未成年人不适用死刑，还明确规定具体适用的刑罚种类，该法第 59 条第 2 款规定，对犯罪时不满 18 周岁的人不适用死刑，同时又在第 88 条第 1 款规定，针对未成年人的刑罚种类仅仅是罚金、剥夺从事某种活动的权利、强制性社会公益劳动、劳动改造、拘役和一定期限的剥夺自由。[2]第二种方式亦为绝对不适用死刑，并规定相应地减轻处理，但允许减为无期徒刑或者更轻的刑罚。"《日本刑法》第 41 条规定：'不满 14 周岁的人的行为，不处罚。' 日本原来的少年法对未成年人处死刑规定了例外，但是现行的《日本少年法》第 51 条规定，对于不满 18 周岁的少年不能判处死刑，相当于死刑的，判处无期徒刑。而日本改正刑法草案第 50 条更将此规定为，当死刑减轻时，减为无期徒刑或者 10 年以上 20 年以下的惩役或者禁锢。"[3]

---

〔1〕 参见牛忠志、姚桂芳："中外少年刑法若干问题比较研究"，载《政法论丛》2004 年第 6 期。

〔2〕 参见黄道秀译：《俄罗斯联邦刑法典释义》，中国政法大学出版社 2000 年版，第 189 页。

〔3〕 载法律快车网 http://www.lawtime.cn/info/minfa/wqmsxwnl/201806253374920.html，最后访问时间：2019 年 8 月 12 日。

（二）刑罚制度

1. 缓刑从宽

1998 年修订的《德国少年法院法》第 21 条放宽了条件，规定被判处 1 年以下有期徒刑的青少年，如果判决已对该青少年起到警告作用，并且通过缓刑期间的教育功能即已实现法律规定的品行的，就无须执行刑罚，法官应当宣告缓刑。[1]1996 年修订的《瑞士联邦刑法典》第 41 条规定了成年犯的缓刑适用：如果被判刑人的履历和性格表明，不立即执行刑罚其也不会再实施重罪或轻罪，且可期望其对由法院或通过调解确定的损失进行赔偿的，法官可将 18 个月以下的自由刑或附加刑的执行予以推迟。该法第 96 条规定：如果根据少年的行为和个性，可以指望其不再实施新的犯罪行为，尤其是他没有前科记录或实施过轻微的犯罪行为，审判机关可将禁锢和罚金的执行顺延，并规定 6 个月以上 3 年以下的考验期。

2. 不认定累犯

《俄罗斯联邦刑法典》第 18 条规定：一个人在年满 18 周岁之前实施犯罪的前科，以及其前科依照该法典第 86 条规定的程序被撤销时，在认定累犯时不得计算在内。即行为发生时犯罪人尚未满 18 周岁的前罪，在认定累犯时不应计算在内。[2]

3. 假释条件从宽

《德国刑法典》第 57 条规定，所判的有期自由刑刑罚已执行 1/3，至少已满 6 个月且经考察认为，受审判人不执行刑罚也不致再犯罪的，并经受审判人同意，法院可以将有期自由刑余刑的执行予以缓刑并交付考察（相当于我国的假释）。特殊情况下，有期自由刑已执行 1/2，至少已执行 6 个月，如果被判刑人是首次服刑且此次的刑罚期限为 2 年以下；或者全面评估犯罪行为、被判刑人的人格和其在刑罚执行期间的表现，证明具有特殊情况的，也可以将有期自由刑余刑的执行予以缓刑并交付考察。[3]现行《日本少年法》规定的少年假释的适用条件是：被判处无期徒刑、有期徒刑或者禁锢刑的少年：（1）无期徒刑的经过 7 年；（2）因为犯罪时未满 18 周岁，被判处 10 年以上

〔1〕参见牛忠志、姚桂芳："中外少年刑法若干问题比较研究"，载《政法论丛》2004 年第 6 期。

〔2〕参见糜耀喜、徐建宏："有关累犯制度的几个问题研究"，载杨敦先等主编：《新刑法施行疑难问题研究与适用》，中国检察出版社 1999 年版，第 326 页。

〔3〕参见牛忠志、姚桂芳："中外少年刑法若干问题比较研究"，载《政法论丛》2004 年第 6 期。

15 年以下有期徒刑的经过 3 年；（3）被判处不定期刑的经过其下限的 1/3，可以准许假释。但是，犯罪人因未满 18 周岁不能判死刑而改判为无期徒刑的，其法定假释期间为 10 年，与成年人相同。[1]

4. 其他执行制度从宽

其一，前科消灭制度。1997 年《俄罗斯联邦刑法典》第 86 条第 3 款规定，在下列情况下前科消灭：（1）被判缓刑的人，考验期届满；（2）被判处比剥夺自由更轻种类刑罚的人，服刑期满后过 1 年；（3）因轻罪或中等严重的犯罪被判处剥夺自由的人，服刑期满后过 3 年；（4）因严重犯罪而被剥夺自由的人，服刑期满后过 6 年；（5）因特别严重的犯罪被剥夺自由的人，服刑期满后过 8 年。在服刑期满后达到法律所规定的期限或缓刑时考验期满，前科便会自动消灭。其二，前科保护制度。《澳大利亚青少年犯罪起诉法》规定：警方对未成年人的犯罪记录不能保留到其成年之后，以便其以无罪记录的身份进入社会。1960 年《日本少年法》第 60 条规定："因少年时犯罪被判刑并已执行终了，或免于执行的人，在关于人格法律的适用上，得视为没有受过刑罚处分的人。"

二、女性犯罪

女性犯罪就刑事责任而言，主要是对怀孕妇女从宽，表现在两个方面：一方面在刑法总则中明确规定对怀孕的妇女犯罪从轻、减轻或者免除处罚，另一方面表现为对怀孕的妇女是否适用死刑的问题。如《越南刑法典》第 46 条规定，怀孕妇女犯罪是从轻、减轻刑事责任情节。[2]

三、老年人犯罪

（一）刑事责任

第一，某些刑种、刑期不适用老年人。1961 年《蒙古人民共和国刑法典》第 18 条第 2 款规定，60 周岁以上不适用死刑；第 19 条规定：剥夺自由刑的最高期限不得超过 15 年，但对犯罪时 60 周岁以上的男子和 50 周岁以上

---

〔1〕 参见郭建安、郑霞泽主编：《社区矫正通论》，法律出版社 2004 年版，第 217 页。

〔2〕 参见米良译：《越南刑法典》，中国人民公安大学出版社 2005 年版，第 18 页。

的女子，剥夺自由刑的期限不得超过 10 年。[1]现行《俄罗斯联邦刑法典》规定，不得对年满 55 周岁的妇女和年满 60 周岁的男子处以强制性工作和限制自由的刑罚，不得对妇女和判决时已满 65 周岁的男子处以终身剥夺自由的刑罚和死刑。[2]第二，老年人犯罪从轻、减轻或者免除处罚。《芬兰刑法典》第 7 条规定，犯罪人年迈、体弱属于从轻处罚的事由之一。《瑞典刑法典》第 29 章在"刑罚的确定及制裁的免除"中规定：依据犯罪的刑罚价值对被告人处刑罚时，法院应当合理考虑被告人是否会因年老或者身体不佳而遭受不合理的困难。[3]

（二）刑罚制度

老年人缓刑从宽。《意大利刑法典》第 163 条第 3 款规定，如果犯罪是由 70 周岁以上的人实施的，当所科处的限制人身自由刑不超过 2 年 6 个月时或者财产刑折抵自由刑的刑期不超过 2 年 6 个月时，可以决定暂缓执行。[4]即在适用缓刑的刑期条件上，70 周岁以上的老人是 2 年 6 个月，而 21 周岁以上的成年人是 2 年，对老年人适用缓刑的条件明显宽于 21 周岁以上的成年人。《巴西刑法典》第 30 条规定，被判处监禁刑的犯人不得适用缓刑，但 70 周岁以上且被监禁 2 年以内的，可以适用缓刑。

四、精神病人犯罪

就刑事责任而言，其一，对精神病人予以从宽处罚；其二，对精神病人限制适用死刑。《意大利刑法典》第 88 条规定，在实施行为时因疾病而处于无理解或意思能力状态的，是不可归罪的。第 89 条规定，在行为时因疾病而处于严重降低但未丧失理解或意思能力状态的，对所实施的犯罪负责，但减轻其刑。[5]《日本刑法典》第 39 条第 1 款规定，心神丧失的人的行为，不处罚；第 39 条第 2 款规定，心神耗弱的人的行为，减轻处罚。《韩国刑法典》规定，精神（心神）耗弱之人实施犯罪的，应减轻处罚，而死刑的减轻时，

---

〔1〕 参见陈永革、李缨："老年人犯罪问题的刑罚问题刍议"，载《西南民族大学学报（人文社会科学版）》2003 年第 12 期。

〔2〕 参见黄道秀等译：《俄罗斯联邦刑法典》，中国法制出版社 1996 年版，第 136 页。

〔3〕 参见陈琴译：《瑞典刑法典》，北京大学出版社 2005 年版，第 58 页。

〔4〕 参见黄风译：《意大利刑法典》，中国政法大学出版社 1998 年版，第 52 页。

〔5〕 参见黄风译：《意大利刑法典》，中国政法大学出版社 1998 年版，第 32 页。

得改为无期徒刑或者 10 年以上劳役或者徒刑。[1] 有二十多个国家的法律明确规定，对精神病人不适用死刑。

综上述所，许多国家的法律对生理性弱势群体的保护及其犯罪规定得非常详细，形成了较为完整的法律治理体系。这些规定对于我国治理生理性弱势群体犯罪具有借鉴意义。

第二节　我国古代、近代生理性弱势群体犯罪的刑法治理

从历史考证来看，我国古代、近代刑法对未成年人、女性、老年人等生理性弱势群体犯罪实行了减刑规定，最显著的就是西周的"老幼犯罪减免处罚原则"及唐朝的"矜老恤幼"的思想，其他朝代对生理性弱势群体犯罪的规定也各具特色，体现出对生理性弱势群体的保护。这些规定对于现在我们治理生理性弱势群体犯罪同样具有借鉴与指导意义。

一、未成年人、老年人犯罪

西周时期最具有特色的是"老幼犯罪减免处罚原则"。《周礼·秋官·司寇》规定："凡有爵者与七十者，与未龀者，皆不为奴。"[2] 即 7 至 8 岁的儿童与 70 岁的老年人可免受连坐为奴之罪。《周礼·秋官·司刺》规定有"三赦"："一赦曰幼弱，二赦曰老耄，三赦曰蠢愚。"即对老人、小孩、残疾人、痴呆者等弱势群体犯罪不施加刑罚，这是西周"明德慎罚"法治指导思想的体现。《礼记·曲礼》云："人生十年曰幼，学；二十曰弱，冠……七十曰老……八十九十曰耄，七年曰悼。悼与耄，虽有罪，不加刑焉。"这些相关规定体现了对未成年人及老年人保护的治理思想。

春秋战国时期，《法经》第 6 篇《具法》规定："罪人年十五以下，罪高三减，罪卑一减；年六十以上，小罪情减，大罪理减。"《法经》的规定同样体现了对未成年人及老年人的保护原则，这些立法思想对于我们今天治理生理性弱势群体犯罪具有现实意义。

秦汉时期，睡虎地秦墓竹简中的《法律答问》记载："甲谋遣乙盗杀人，

---

〔1〕　参见［韩］金永哲译：《韩国刑法典及单行刑法》，中国人民大学出版社 1996 年版，第 10 页。
〔2〕　（清）孙希旦：《礼记集解》，中华书局出版社 1989 年版，第 138 页。

受分十钱，问乙高未盈六尺，甲可（何）论？当磔。"秦时男子身高满六尺五寸，女子身高满六尺二寸是成年与否的标准，也是负刑事责任与否的标准。

　　唐朝是我国封建社会的鼎盛时期，立法技术达到前所未有的高度，对生理性弱势群体犯罪的相关规定比以前更详细，更完善。第一，在死刑适用方面，未成年人及老年人与普通成年人相比，有其特殊的规定。《唐律疏议·名例律》规定："诸年七十以上，十五以下及废疾，犯流罪以下，收赎。犯加役流、反逆缘作流、会赦犹流者，不用此律；至配所，免居作。八十以上，十岁以下及笃疾，犯反、逆、杀人应死者，上请；盗及伤人者，亦收赎，有官爵者，各从官当、除、免法。余皆勿论。九十以上，七岁以下，虽有死罪，不加刑，缘坐应配没者不用此律。"第二，在共同犯罪方面，对接受教唆的未成年人及老人，要免除刑罚的处罚，对于实施教唆的人要按照其规定进行处罚。《唐律疏议·名例律》曰："悼耄之人，皆少智力，若有教令之者，唯坐教令之人。"《永徽律·名例律》规定："九十以上，七岁以下，虽有死罪不加刑；即有人教令，坐其教令者。"对90岁以上和7岁以下的老人和儿童，若因别人教唆而犯罪，仅对教唆者进行惩罚，而不惩罚实施犯罪者本人。第三，在刑罚方面，对未成年人、老人不得严刑拷问，否则要追究当官的责任。《唐律疏议·断狱律》"议请减老小疾不合拷讯"条规定："若年七十以上，十五以下……并不合拷讯……违者，以故失论。"《唐律疏议·断狱律》还规定犯人"有疮病"，也要等疮病痊愈后才能拷讯，否则，官吏处杖一百。

　　明清时期，国家法律对生理性弱势群体犯罪的规定，也遵循"恤刑"的原则。第一，对老幼废疾者犯罪从宽处罚。明律中规定："凡诬告人罪，年在七十以上，十五以下及废疾者，依律论断，例应充军嘹哨口外为民者，仍依律发遣。若年八十以上笃疾有犯应永戍者，以子孙发遣；应充军以下者，免之。"同时规定"凡年七十以上，犯流以下，收赎。八十以上，盗及伤人者，亦收赎。八十九犯死罪，九十事发，得勿论，不在收赎之例。九十以上，虽有死罪，亦不加刑。"第二，对未成年人、老年人、残疾人的刑罚执行上采取与普通犯罪人不一样的方式。《明会典》载，洪武元年（公元1368年）"令禁系囚徒，年七十以上、十五以下及废疾，散收，轻重不许混杂。"《大清律例》也规定："凡牢狱禁系囚徒，年七十以上、十五以下、废疾，散收，轻重不许混杂。"

　　我国近代对生理性弱势群体犯罪的规定继承了古代刑法的思想。《大清现行刑律》明文规定："未满十六岁人或满八十岁人，得减本刑一至二等。"1912 年颁行的《中华民国暂行新刑律》第 50 条规定："聋哑人或未满十六岁人或满八十岁人犯罪得减本刑一等或二等。"1935 年公布实施的《中华民国刑法》第 18 条第 3 项规定："满八十岁人之行为，得减轻其刑，未满十四岁人之行为，不罚。"1939 年陕甘宁边区政府颁行的《陕甘宁边区抗战时期惩治汉奸条例（草案）》第 9 条规定："犯第二条各项之罪，年龄在八十岁以上者得减刑。"[1]

二、女性犯罪

在汉代，国家法律对女性犯罪有所宽免，特别是孕妇犯罪。汉平帝元始四年（公元 4 年），"明敕百僚，妇女非身犯法，及男子年八十以上七岁以下，家非坐不道，诏所名捕，它皆无得系。"东汉建武三年（公元 27 年）诏："男子八十以上，十岁以下，及妇人从坐者，自非不道，诏所名捕，皆不得系，当验问者，即就验。"汉景帝后元三年（公元前 141 年）诏："年八十以上，八岁以下，及孕者未乳、师、朱儒当鞫系者，颂系之。""颂系"即宽容而不加桎梏，意思就是 8 岁以下的未成年人犯罪，80 岁以上的老年人、正在哺乳婴儿的妇女以及发育不完全者等生理性弱势群体在被执行刑罚时可以不戴刑具。

唐朝时期，唐律规定对孕妇不得拷问，对孕妇不得处以死刑。《唐律疏议·断狱律》"拷决孕妇"条疏议曰："诸妇人犯死罪，怀孕，当决者，听产后一百日乃行刑。若未产而决者，徒二年；产讫，限未满而决者，徒一年。失者，各减二等。"同律还曰："诸妇人怀孕，犯罪应拷及决杖笞，若未产而拷、决者，杖一百；伤重者，依前人不合捶拷法；产后未满百日而拷决者，减一等。失者，各减二等。"

在明清时期，国家法律同样规定对孕妇不得拷问，对孕妇不得处以死刑。若孕妇犯罪，由丈夫或者亲属、邻里看守，"皆待产后一百日拷决"。若未产而拷决，因而堕胎者，"官吏减凡斗伤罪三等"。致死者，"杖一百，徒三年""未产而决者，杖八十""产后不到一百目而决者杖七十""其过限不决者，杖六十。失者，各减三等。未产拷决不堕胎及产限未满，拷决不致死者，依不

---

[1] 参见朱华荣主编：《各国刑法比较研究》，武汉出版社 1995 年版，第 238 页。

应轻律。"

晚清及民国时期，法律也加强对女性的保护规定。在清末新律中丈夫及尊长等对女性的随意处置行为受到了法律的限制，减轻了对女性犯罪的惩罚，特别是凌迟等残忍酷刑的废除及对死刑的罚赎规定。在婚姻生活中，法律禁止丈夫典卖妻妾，《大清律》规定："凡将妻妾受财典雇与人为妻妾者，本夫处八等罚；典雇女者，父处六等罚，妇女不坐。若将妻妾作姊妹嫁人者，处十等罚，妻妾处八等罚；知而典娶者，各与同罪，并离异。""如有妇人犯夫及义绝者，得以子荫。其假版官流罪以下，听以赎论。"

我国古代及近代刑法对生理性弱势群体犯罪的规定较为详细，尽管限于当时的立法技术及水平，但其思想对于我们今天治理生理性弱势群体犯罪仍具有借鉴及指导作用，特别是对未成年人、老人及女性犯罪的相关规定具有重要的现实意义。

第三节　生理性弱势群体犯罪的立法治理对策

生理性弱势群体犯罪形势较为严峻，这一类型犯罪对社会的安定团结造成了影响，本节主要讨论生理性弱势群体犯罪的立法治理对策，其目的在于预防与减少生理性弱势群体犯罪。

一、未成年人犯罪

未成年人的保护涉及方面很多，需要立法、司法、行政等多方面的配合，可谓是一个复杂而系统的工程。单从刑法保护角度出发，其也涉及多种方法与制度的结合，但对未成年人的刑法保护基本核心价值体现在以下几个方面，即未成年人是否可以判处死刑，未成年人是否构成累犯，其前科消灭制度，对其是否应该实行非监禁刑。《刑法修正案（八）》完善了我国对未成年人的刑法保护。

（一）增加对未成年人适用无期徒刑的相对禁止规定

联合国《儿童权利公约》第 37 条就指出，缔约国应确保对未满 18 周岁的人所犯罪行不得判以无释放可能的无期徒刑。我国刑法对未成年人适用无期徒刑没有特别规定，即依法对未成年人犯罪可以判处无期徒刑。但是这一规定并不完全符合上述国际人权法所体现的精神。联合国《儿童权利公约》

绝对禁止的是"无释放可能的无期徒刑"。从国际人权法体现出的精神来看，是主张尽可能限制对未成年人适用长期监禁的。但是，我国刑法并未对未成年人适用无期徒刑作出特别规定，意味着没有对未成年人犯罪判处无期徒刑作出限制措施，与上述国际人权法体现出的精神并非完全一致，需要增加对未成年人适用无期徒刑的相对禁止规定，从而保护未成年人的权利，预防和减少未成年人犯罪。

（二）全面推进社区矫正制度，完善社区矫正制度

首先，从刑罚目的上看，我国现行刑法理论在刑罚适用与执行上强调惩罚与改造相结合。《刑法修正案（八）》将社区矫正明确在刑法中加以规定，从立法上明确确立了行刑社会化理念，使得社会化行刑有章可循，有法可依。

其次，从刑事政策来看，社区矫正的立法，也是贯彻落实我国"宽严相济"刑事政策的具体体现，充分体现了我国对犯罪分子"教育、感化、挽救"和"惩罚与改造相结合、教育和劳动相结合"的方针和政策。这是积极推进司法体制改革的迫切需要，也是对完善中国特色的刑罚执行制度的有益探索。[1]

（三）对未成年人不得判处死刑

对未成年人不得判处死刑是联合国人权公约和少年司法准则的一项基本原则。联合国《儿童权利公约》是迄今为止得到最广泛认同的国际公约。该公约确立了儿童权利保护的三大基本原则：18 岁原则、无歧视原则和儿童最大利益原则。1985 年联合国《少年司法最低限度标准规则》（又称《北京规则》）第 5.1 条规定"少年司法治度应强调少年的幸福"。该规则在对这一关于少年司法目的的说明中，进一步明确指出对少年司法首要目的的贯彻，可以"避免只采用惩罚性的处分"。联合国《公民权利和政治权利国际公约》第 14 条之 4 也规定："对少年的案件，在程序上应考虑到他们的年龄和帮助他们重新做人的需要"。[2]世界各国的选择，已经验证了这样一个不容质疑的事实，即对于未成年人判处死刑是极其残酷，极其不人道，极其野蛮的，任何一个负责任的国家，任何一个文明的国家，都不会选择对未成年人动用极刑。

（四）未成年人不构成累犯

《刑法修正案（八）》第 6 条规定，将刑法第 65 条第 1 款修改为："被判

---

〔1〕 参见高铭暄："社区矫正写入刑法的重大意义"，载《中国司法》2011 年第 3 期。

〔2〕 参见赵秉志、姚建龙："废除死刑之门——未成年人不判死刑原则及其在中国的确立与延伸"，载《河北法学》2008 年第 2 期。

处有期徒刑以上刑罚的犯罪分子，刑罚执行完毕或者赦免以后，在 5 年以内再犯应当判处有期徒刑以上刑罚之罪的，是累犯，应当从重处罚，但是过失犯罪和不满 18 周岁的人犯罪的除外。"这体现了宽严相济的刑事政策。我国现行刑法已有对未成年人犯罪从宽处罚的相关规定，如未满 18 周岁的人犯罪不判处死刑等。这是一种刑事政策的考虑，突出强调了对未成年人的保护。累犯，是指被判处一定刑罚的犯罪人，在刑罚执行完毕或者赦免以后，在法定期限内又犯一定之罪的情况。作为量刑情节，累犯是一种特定的再次犯罪的事实；作为量刑对象，累犯是指特定的犯罪人。

传统刑法强调犯罪行为和报应刑，其累犯制度的设计也是以行为中心论为基础的。与其相反的是行为人中心论，该说认为累犯制度应该以行为人的主观因素为基础，在行为人的主观要素上考虑是否成立累犯。我国倾向于行为中心主义，该说的立论是科学的，可是该说完全忽视了行为人自身的一些特殊情况，这样在具体量刑时也会出现一些失衡的情况。

未成年人的自我控制能力不强，辨别是非的能力也很弱，极易受外界社会的影响。有时候，外因甚至是未成年人走上违法犯罪道路的主要原因。但是，大多数情况下，未成年人的主观恶性并不是很强，其犯罪后悔恨程度远远高于成年人，而且未成年人的可塑性极强。如果将未成年人认定为累犯，这无疑将会扩大对其打击的范围，同时加重对其刑罚，这些都是同保护未成年人的基本理念相违背的。因而，对于未成年人，应该不予适用累犯的规定，并在缓刑以及假释的适用上从宽把握。唯有此，才能真正实现对未成年人的保护。《刑法修正案（八）》的规定是我国刑法的一次巨大飞跃。

（五）取消未成年人前科报告义务

《刑法修正案（八）》第 19 条规定："在刑法第 100 条中增加 1 款作为第 2 款：'犯罪的时候不满 18 周岁被判处 5 年有期徒刑以下刑罚的人，免除前款规定的报告义务。'"我们的社会，仍然是对犯罪人持否定态度的，我们也尚未做到真正的一视同仁，同时，犯罪分子也应该为自己的行为付出相应的代价，这些都是不可否认的。但是对于未成年人，我们却很难如此固执地坚持，我们对于那些迷途中的羔羊，更应该给予的是适当的宽容。

犯罪标签论认为，一旦被贴上犯罪人的标签，其便下意识地认为自己是异类，从而远离社会，甚至仇视和报复社会，最终成为边缘人。给犯罪的未成年人贴上"坏人"的标签，将他们定义成永不可改好的人，结果只能让这些人更加地沉沦。所以，如果轻易地给未成年人贴上"犯罪分子"的标签，将是社会的罪恶。未成年人尚处于人生观、世界观和价值观的形成时期，其对于这个世界的认识尚不完全，如果因为年轻的时候偶尔犯的一个错误就要让他们背负一辈子的恶名，这是极其残忍的，也是极不负责任的一种做法。因而，我们的社会、我们的法律应该给予他们一个重新来过的机会，给予他们一个重塑自我的机会。虽然我们不得不承认，目前，未成年人犯罪有增多的趋势，社会治安也面临着前所未有的考验，但在罪犯特别是未成年犯的处理问题上，我们仍然应该表现出理性和宽容。《刑法修正案（八）》中提出青少年前科消灭制度是符合刑法价值理念与犯罪学预防犯罪的要求的，是我国刑法的一次重大进步。

（六）非监禁刑的适用

《刑法修正案（八）》第 11 条规定，将刑法第 72 条修改为：对于被判处拘役、3 年以下有期徒刑的犯罪分子，根据犯罪分子的犯罪情节和悔罪表现，人民法院认为其没有再犯罪的危险的，可以宣告缓刑，对其中不满 18 周岁的人、怀孕的妇女和已满 75 周岁的人，应当宣告缓刑。对犯罪分子决定宣告缓刑，应当考虑其缓刑后对所居住社区的影响以及是否具备有效监管的条件。第 13 条规定，将刑法第 76 条修改为："对宣告缓刑的犯罪分子，在缓刑考验期限内，依法实行社区矫正，如果没有本法第 77 条规定的情形，缓刑考验期满，原判的刑罚就不再执行，并公开予以宣告。"

二、女性犯罪

审判的时候怀孕的妇女不适用死刑。《中华人民共和国刑法》（以下简称《刑法》）第 49 条第 1 款规定："犯罪的时候不满 18 周岁的人和审判的时候怀孕的妇女，不适用死刑。"关于"审判的时候怀孕的妇女，不适用死刑"这一条款，刑法界对此已达成一定共识，体现在以下几方面：

（一）审判的时候怀孕的妇女

这里所说的"审判的时候"是指从羁押到执行的整个诉讼过程，而不是仅指法院审判阶段，因此，在刑事诉讼的各个阶段中怀孕的妇女，都不适用死刑。此项立法主要从保护胎儿出发，考虑到胎儿是无辜的，不能因为孕妇有罪而株连胎儿。但保护胎儿不是对审判时怀孕的妇女不判处死刑的唯一依据。

（二）争议问题及其解决

对于怀孕的妇女，无论是在羁押还是审判阶段，都不能为了要判死刑而给她进行人工流产，对在此期间被人工流产的妇女，仍应视为审判时怀孕的妇女，不适用死刑。已审判、执行中的，随时发现怀孕，都应停止执行，依法改判。怀孕妇女不适用死刑，是指既不能判处死刑立即执行，也不能判处死刑缓期二年执行，更不应理解为产后再判死刑。对于审判时候怀孕的妇女自然流产的，是否可以判处死刑，曾经争议颇大。我国立法中考虑两个原则：保护胎儿和"人道主义"。保护胎儿被"重视"并被"解释"，而"人道主义"的内容在对待怀孕期妇女不适用死刑的立法中被忽视。另一个问题是人工流产的妇女适用死刑的问题受到重视，而自然流产的妇女被忽视。或者说这两个问题本身就是一个问题，由于"人道主义"的原则被忽视而造成自然流产的妇女被忽视。人工流产的妇女被重视的原因更多是为了防止适用死刑中的"作弊"问题，亦非"人道主义"的考虑。这种认识大概基于如下考虑：如果怀孕妇女在羁押期间自然流产，纯系自身生理原因所致的话，则不可作为孕妇对待。这与我们的立法考虑完全是两回事，我们并不是在追究流产的责任方，而是出于"人道主义"的考虑。由此可见，如果从"人道主义"的立法原则出发，自然流产也应视为"审判时怀孕的妇女"，依法不适用死刑。需要指出的是，对案件起诉到人民法院以前，被告人在羁押期间做人工流产的，应视为"审判的时候怀孕的妇女"，不能判处死刑；怀孕妇女因涉嫌犯罪在羁押期间自然流产后，又因同一事实被起诉、交付审判的，应视为"审判的时候怀孕的妇女"，依法不适用死刑；在羁押期间已经自然流产或者经人工流产以及流产后移送起诉或审判的，都不应适用死刑；更不能为了判处死刑而强制怀孕的被告人做人工流产。

三、老年人犯罪

我国刑法对老年人犯罪的治理，主要体现在对其犯罪的从宽处理上，《刑法修正案（八）》第1条规定，在刑法第17条后增加1条，作为第17条之一："已满75周岁的人故意犯罪的，可以从轻或者减轻处罚；过失犯罪的，应当从轻或者减轻处罚。"第3条规定，在刑法第49条中增加1款作为第2款："审判的时候已满75周岁的人，不适用死刑，但以特别残忍手段致人死亡的除外。"第11条规定，将刑法第72条修改为：对于被判处拘役、3年以下有期徒刑的犯罪分子，根据犯罪分子的犯罪情节和悔罪表现，人民法院认为其没有再犯罪的危险的，可以宣告缓刑，对其中不满 18 周岁的人、怀孕的妇女和已满 75 周岁的，应当宣告缓刑。对犯罪分子决定宣告缓刑，应当考虑其缓刑后对所居住社区的影响以及是否具备有效监管的条件。对 75 周岁以上老年人不适用死刑，放宽对其缓刑的适用条件，提高其入罪门槛。这些都是有着科学合理的理论依据的。但是，这种进步的幅度也是有限的，并没有完全排除对 75 周岁以上老年人适用死刑的可能性，可以说，还是存在有待商榷的地方。

老年人由于其自身的生理、心理等方面的原因，其实施的犯罪行为不同于其他成年人所实施的犯罪行为，这也是老年人实施犯罪行为能够在一定程度上得到人们宽恕的原因。

1. 刑事责任能力与年龄

刑事责任能力，是指行为人构成犯罪和承担刑事责任所必需的，行为人具备的刑法意义上辨认和控制自己行为的能力。一般来说，刑事责任包括犯罪能力和刑罚适应能力。但无论是犯罪能力还是刑罚适应能力，老年人随着年龄的增长，各方面的能力都有所降低，刑事责任能力也必然降低。老年人由于机体衰老及脑功能的衰退，各项生理功能及躯体状况减退，事物反应能力差，活动能力迟钝。这样，就使得他们辨认和控制自己行为的刑事行为能力和刑事责任能力逐渐减弱。因此，无论是在非犯罪化方面，抑或是量刑和行刑方面，法律对老年人应当给予与未成年人相同或相似的宽宥。

2. 从刑罚的目的来看

一般认为，刑罚的目的无非有二：一是特殊预防，二是一般预防。所谓特殊预防，是指通过对犯罪分子适用刑罚，惩罚改造犯罪分子，预防他们重新犯罪。所谓一般预防，是指通过对犯罪分子适用刑罚，威慑、警戒潜在的犯罪者，防止他们走上犯罪道路。老年人身心衰弱，其再犯能力较差，无须以消灭其肉体来达到防止其本人重新犯罪的目的。对老年人处以死刑，从某种程度上来说，与我们长期以来所受到的传统教育而形成的价值取向相背离，这非但不能有效地警戒社会上的不稳定分子，不利于刑罚适用目的的实现，反而让一般人觉得刑罚过于残酷，使刑法无法获得普通民众的认同，甚至诱发民众对刑法产生反感、抵触和对立情绪。

3. 宽严相济的刑事政策

宽严相济的刑事政策是我国在和谐社会大背景下所提出的新的刑事政策，

其更加注重人权的保护，对于老年人等弱势群体给予了更多的关注，特别是在"宽"的指导下，对老年人犯罪实行宽缓化处理，是非常合理的。

四、残疾人犯罪

从犯罪学及刑罚个别化角度考量，应该对残疾人犯罪实行有别于普通人的刑罚规定。我国现行刑法规定了精神病人、聋哑人与盲人实施犯罪行为的不负刑事责任或者从轻处理的情形。《刑法》第 18 条规定："精神病人在不能辨认或者不能控制自己行为的时候造成危害结果，经法定程序鉴定确认的，不负刑事责任，但是应当责令他的家属或者监护人严加看管和医疗；在必要的时候，由政府强制医疗。"而"尚未完全丧失辨认或者控制自己行为能力的精神病人犯罪的，应当负刑事责任，但是可以从轻或者减轻处罚。"《刑法》第 19 条规定："又聋又哑的人或者盲人犯罪，可以从轻、减轻或者免除处罚。"在残疾人犯罪的审判中，注重贯彻"宽严相济"的刑事政策，切实保障残疾被告人的各项诉讼权利；在量刑时，注重依照其在犯罪团伙中的地位、作用、涉及犯罪的数额、社会危害后果及事后认罪态度等情节，依法分别予以从轻或减轻处罚；最大限度挽救一般失足的残疾人，使他们重新走向社会。

五、对限制责任能力的精神病人不适用死刑

对于限制责任能力的精神病人来讲，许多国家规定其不适用死刑，这体现了对其的保护政策。我国《刑法》第 18 条规定了精神病人的刑事责任。对尚未完全丧失辨认或控制自己行为能力的精神病犯罪人的刑罚制度却规定为"可以"从轻或者减轻处罚，而不是"必须"从轻或者减轻处罚。换而言之，对犯有死罪的限制责任能力的精神病人存在适用死刑的可能性。精神病人属于弱势群体之一，对其应采取保护的政策，我国刑法应该借鉴国外的一些做法，为了保护精神病人的权利，在刑法中增加对限制责任能力的精神病人不适用死刑的规定。其理由如下：其一，死刑只能适用于刑事责任极重的人，由于限制责任能力的精神病人的责任能力并不完全，若对其适用死刑有违罪责刑相适应原则。限制责任能力的精神病人的辨认能力和控制能力均不及正常人，故按照罪责刑相适应原则和刑罚轻重应以刑事责任程度为标准的理念，对不具有完全刑事责任能力的人不能令其负完全的刑事责任，对限制责任能力的精神病人适用死刑有违罪责刑相适应原则。其二，对限制责任能力的精

神病人不适用死刑是对联合国经社理事会决议的积极回应。联合国经济及社会理事会通过的《关于保护面对死刑的人的权利的保障措施》决议第 3 条规定了"犯罪时未满 18 周岁的人不得判处死刑，对孕妇或者新生婴儿的母亲或者精神病患者不得执行死刑"的原则。此后该原则又增加了"在量刑或者执行阶段停止执行对弱智人与精神严重不健全者适用死刑"的规定，使该原则的效力得到进一步加强。我国作为常任理事国应与国际接轨，更应响应对限制责任能力的精神病人不适用死刑的规定，对联合国经济及社会理事会通过的《关于保护面对死刑的人的权利的保障措施》决议的精神作出积极的回应。

第五章

生理性弱势群体犯罪在司法上的治理对策

生理性弱势群体之所以犯罪，在一定意义上讲是其权利得不到保障而导致的，为了预防和减少生理性弱势群体犯罪的发生，必须对生理性弱势群体的权利进行保护。本章对生理性弱势群体的司法保护进行探讨，从而预防和减少其犯罪。生理性弱势群体犯罪在刑事司法上的治理，也要体现"人道主义"的原则，主要通过司法上的非犯罪化、轻刑化、非刑罚化的手段来实现。

第一节　非犯罪化

一、非犯罪化的概念

1. 日本学者森下忠教授认为所谓非犯罪化，"目前国家间尚未达成统一见解，大致有广狭二义。狭义见解认为非犯罪化不只放弃刑罚且不以行政处罚之，而成为适法行为；广义见解乃对于原为科处刑罚之犯罪行为，放弃刑罚而不再视为犯罪之意，而改以行政处罚之。"若我们仅从字面含义来理解，森下忠教授对非犯罪化概念的界定，是典型地从广狭角度进行的，他认为狭义的非犯罪化仅指将犯罪行为直接予以合法化，至于广义的非犯罪化，则指将犯罪行为行政违法化，而未包括狭义上的非犯罪化，即合法化。这似乎不符合广义包含狭义的一般逻辑，或可将森下忠教授广义的非犯罪化的观点理解为非犯罪化不仅包括将原来的犯罪行为改为适法行为，即合法化，还包括将其改为行政上违法的行为，即予以行政违法化。森下忠教授没有指明非犯罪化发生的领域，文义看来似乎是主张发生在立法领域，这样的界定就有些片面。[1]

2. 法国学者马蒂教授认为："非犯罪化的含义应从最广泛的意义上来理解，它不仅包含了刑法治度的消失，而且意味着所有替代性反应的不复存在。"[2]马蒂教授给我们指出了研究非犯罪化概念的一种原则，即从最广泛的意义上来理解，但如认定为不存在民事违法或行政违法等替代性反应，似乎又将非犯罪化局限于将原来的犯罪行为合法化。因此，马蒂教授实际将非犯罪化局限在最狭窄的范围。故而，其观点实际并非典型意义上对非犯罪化广义与狭义的界定，且其内容仍有值得商榷之处。

3. 我国大陆学者游伟、谢锡美认为非犯罪化有广义与狭义之分。狭义的非犯罪化又称本来的非犯罪化，就是指立法机关对法律原来规定的已失去了继续存在必要的犯罪行为，直接将该行为从法律中予以撤销，使其合法化。广义的非犯罪化是指对一直以来被科处刑罚的行为不再用刑罚予以处罚。广义的非犯罪化包括三种类型：一是对原来被法律规定为犯罪的行为，予以合法化；二是对原来被法律规定为犯罪的行为予以行政违法化；三是对具体的危害行为，也包括少数的某类行为，通过司法的程序不把它当作犯罪处理。[3]该观点相对比较全面，其对非犯罪化广义的界定涵盖了非犯罪化的主要内容，但其具体内容仍需进一步修订与明确。比如该观点将行政违法化纳入非犯罪化的定义之内，但为何没有包括民事违法化？非犯罪化中，民事违法化仍有其存在的空间。

4. 欧洲委员会《非犯罪化报告》认为非犯罪化可以通过立法活动进行，也可以经由司法机关解释立法的途径来实现，因此，非犯罪化可以分为"法律上的非犯罪化"和"事实上的非犯罪化"。法律上的非犯罪化，即通过立法活动收缩刑罚制裁的过程，又分为三种情况：一是使被非犯罪化的行为完全合法和获得社会的认可；二是非犯罪化的行为虽然没有获得法律或者社会的认可，但国家对这些行为已经持宽容或者中立的态度；三是国家不通过刑罚手段干预被非犯罪化的行为，而是选择对这种行为不作反应，由当事人自己

---

〔1〕 参见许福生：《刑事学讲义》，台湾国兴印刷厂2001年版，第145页。

〔2〕 ［法］米海依尔·戴尔玛斯-马蒂：《刑事政策的主要体系》，卢建平译，法律出版社2000年版，第132页。

〔3〕 参见游伟、谢锡美："非犯罪化思想的现实背景和理论基础"，载《犯罪研究》2002年第3期。

选择处置的方式，或者以刑罚之外的其他手段作出反应。事实上的非犯罪化，指刑法对特定行为的刑罚制度没有发生变化，但刑事司法适度对特定情况下的特定行为减少了反应。此处事实上的非犯罪化，其途径主要包括不把事实上有犯罪行为的人交给警察处理、警察通过行使自由裁量权对特定案件不采取行动或转交其他社会系统处理、检察官行使自由裁量权不起诉犯罪、法院可作出最低限度或者象征性的刑罚等。

《非犯罪化报告》是从犯罪发生的领域，即立法领域和司法领域的角度来探讨非犯罪化问题并进行分类的。在立法领域，该报告将非犯罪化分为三种情况：一是将非犯罪化等同于合法化，意味着刑法和其他法律乃至道德评价上的正当化。二是出于对国家作用的重新考量以及人权保障的进一步要求，国家改为对这类行为持中立态度，由积极制裁变为不干预。三是国家对某些行为明显表现出一种不欢迎，但考虑到处理此类犯罪或违法行为要比不处理成本大，且当前并没有处理此类行为的其他合理、合适的实际措施时，国家只好选择不作任何反应，留待当事人自己去处理。此时，国家往往表现出一种无奈，但其态度较前两种情况仍明显显得强硬。其他情况下，国家则以刑法以外的方法处理这些行为，比如民事的行为和行政的行为，乃至社会福利制度、教育制度等。在司法领域，上文列举的多项非犯罪化途径，归纳起来可分为两种途径，一是避免此类行为被纳入刑事司法程序；二是在刑事司法程序启动后予以中断。欧洲委员会的《非犯罪化报告》为我们呈现出一种层次清晰、全面而有条理的非犯罪化的概念结构，具有非常大的参考价值。

5. 我国台湾地区学者林山田教授将非犯罪化称为去犯罪化，他认为"去犯罪化是指针对现行刑事实体法所规定的犯罪行为，通过刑事实体法的修正，将其删除，使其从刑事制裁法体系中除籍，而不再是刑事实体法所要加以处罚的犯罪行为或者仍旧保留为犯罪行为，但却舍弃其刑罚的执行或为附条件的判决，而使行为人不致受到刑罚的制裁，或者增设追诉要件，或者在形式程序法上规定不予追诉等。"[1] 林山田教授认为，刑事政策上的去犯罪化，有五种方法：其一是除罪化。具体可以分为三种情况，一是单纯的除罪化，二是改成民事不法的除罪化，三是改成行政不法的除罪化。其二是除刑化。其

---

〔1〕　林山田：《刑法的革新》，台湾学林文化事业有限公司 2001 年版，第 127 页。

三是缓刑。其四是增设追诉要件。其五是不予追诉。[1]

林山田教授所谓的去犯罪化与非犯罪化并非完全等同。"除刑化"融合了非犯罪化和非刑罚化所共有的一些特征,"缓刑"以及"不予追诉"则可以归为司法上非犯罪化的具体措施。鉴于我国大陆地区和台湾地区刑法治度的差异,在非犯罪化的研究过程中,我们应当对去犯罪化的理论进行适当的甄别。比如,缓刑包括暂缓刑罚的宣告和暂缓刑罚的执行,对于暂缓刑罚的执行,实际上已经作了有罪判决,只是尚未执行,相当于除刑化,甚至更严厉,除刑化至少对刑罚持否定态度,而暂缓刑罚的执行,罪和刑均已定,只是执行的态度不明确。

6. 我国台湾地区学者许福生教授认为广义的非犯罪化与广义的非刑罚化,可以被统称为除犯罪化,即将原本法律规范的犯罪行为透过立法程序或法律解释将其排除在刑罚处罚之外。其具体形态包括:一是立法上不除罪只除刑,谓之"除刑化";二是立法上既除罪又除刑,谓之"除罪化";三是司法上之除罪化,指透过司法实务判例的变更,将其原来为刑罚处罚的行为,解释为以后不再受刑罚处罚的行为;四是事实上的除罪化,即指刑法法规尚属有效,但执法机关基于某些理由事实上很少适用此法规加以处罚。[2]将非犯罪化纳入除罪化是正确的,但将非刑罚化也归入其中则有待商榷。二者的前提不同,除罪化,应以对"罪"的否定为前提;非刑罚化只是对"刑"的否定,不包括对"罪"的否定。从上文的内容来看,许福生教授的除犯罪化大致相当于林山田教授的去犯罪化。

在对非犯罪化进行定义时,我们首先应当认识到,非犯罪化是犯罪化的反体,其实质首先是对罪的否定,因此,应当包括诸如体现刑罚谦抑和法益保护精神等诸多对罪进行否定的刑事司法治度。这些刑事司法治度中,根据非犯罪化程度的不同,必然存在多个层次,这就是区分广义和狭义非犯罪化的标准,也是我们对非犯罪化进行定义的客观依据。从另一个角度来讲,上述刑事司法治度中还应当既包括立法领域的刑事立法,又包括司法领域的相关措施,但笔者以为,这属于非犯罪化的形式或说途径,应当属于非犯罪化分类的范畴。

---

〔1〕 参见林山田:《刑法的革新》,台湾学林文化事业有限公司 2001 年版,第 127~141 页。

〔2〕 参见许福生:《形事学讲义》,台湾国兴印刷厂 2001 年版,第 190 页。

二、生理性弱势群体犯罪在司法上非犯罪化的路径

我国生理性弱势群体犯罪司法上的非犯罪化主要是通过《刑法》第 13 条"但书"的出罪功能实现的。即根据《刑法》总则第 13 条但书"情节显著轻微危害不大的，不认为是犯罪"的要求，刑事司法立足于生理性弱势群体的特殊情况，对犯罪构成要件严格认定，就意味着非犯罪化。就我国现行的司法解释的现状以及生理性弱势群体犯罪治理的情形来看，生理性弱势群体犯罪在司法上非犯罪化的路径，具体包括下列两方面：

1. 严格认定犯罪的危害结果

犯罪危害结果是犯罪构成的重要组成部分，犯罪危害结果的确定也是衡量是否构成犯罪的标准之一。在一些生理性弱势群体犯罪中，严格限制犯罪危害结果，可以实现生理性弱势群体犯罪的司法非犯罪化。2006 年《最高人民法院关于审理未成年人刑事案件具体应用法律若干问题的解释》第 6 条规定："已满 14 周岁不满 16 周岁的人偶尔与幼女发生性行为，情节轻微、未造成严重后果的，不认为是犯罪。"第 7 条规定："已满 14 周岁不满 16 周岁的人使用轻微暴力或者威胁，强行索要其他未成年人随身携带的生活、学习用品或者钱财数量不大，且未造成被害人轻微伤以上或者不敢正常到校学习、生活等危害后果的，不认为是犯罪。"可见，上述司法解释明显考虑到犯罪者是生理性弱势群体，在对其犯罪的认定上，严格把握构成要件，充分利用"但书"的出罪功能，以实现生理性弱势群体犯罪司法上的非犯罪化。

2. 将数额较大的起点标准提高

在以生理性弱势群体为主要犯罪主体的犯罪中，许多犯罪以犯罪数量为构成要件。犯罪数量在生理性弱势群体的犯罪和非犯罪判定中起着决定性的作用，通过提高数额较大的起点标准的方式，可以实现对生理性弱势群体犯罪的刑事定罪。但是，1992 年 12 月 11 日《最高人民法院、最高人民检察院关于办理盗窃案件具体应用法律的若干问题的解释》规定："个人盗窃公私财物'数额较大'，一般可以 300～500 元为起点；少数经济发展较快的地区，可以 600 元为起点。"1997 年《刑法》颁行后，1998 年 3 月 17 日《最高人民法院关于审理盗窃案件具体应用法律若干问题的解释》第 3 条规定："个人盗窃公私财物价值人民币 500 元至 2000 元以上的，为'数额较大'。"2013 年 4 月 4 日《最高人民法院、最高人民检察院关于办理盗窃刑事案件适用法律若

干问题的解释》第 1 条规定："盗窃公私财物价值 1000 元至 3000 元以上……应当分别认定为刑法第 264 条规定的'数额较大'……"这就意味着盗窃价值 400 元财物的行为过去属于犯罪，现在非犯罪化了。对于生理性弱势群体实施的犯罪数额，应当注意的是：尽管数额认定在其中起着举足轻重的作用，但我们不能"唯数额论"。认定犯罪时，除数额外，还应结合犯罪的目的、手段、次数、后果，以及犯罪分子的自身生理情况、认罪态度、退赃表现等因素综合加以考量。

第二节　轻刑化

由于长期以来我国以"报应刑罚观"为指导思想，以及在某些特殊社会期间内为维护社会稳定的需要，法治精神没有充分地贯彻落实，导致了在司法实践中重刑主义盛行。同时，在社会民众的观念里也普遍认为只要犯罪就应对其科以刑罚，只有这样才能达到惩戒犯罪分子并防止其再次犯罪的目的。毫无疑问，罪责刑相适应的刑法基本原则是我们在司法实践中定罪量刑的基础。但是，罪责刑相适应不等于是重刑化，特别是在当今我国加入《世界人权公约》和大力提倡和谐社会的背景下，面对罪责刑相适应这一刑法基本原则，我们不应固守传统的刑罚理念，而应与时俱进，推动刑罚走向轻刑化。

一、刑罚轻刑化的概念及内涵

（一）刑罚轻刑化的概念

刑罚是指由国家创制的、对犯罪分子适用的特殊制裁方法，是对犯罪分子某种利益的剥夺，并且表现出国家对犯罪分子及其行为的否定评价。而刑罚轻刑化的概念则有狭义和广义之分，狭义说认为轻刑化就是非刑罚化，即指对某些犯罪或某些犯罪分子不用刑罚方法而是用刑罚以外的方法惩罚、教育、改造。它是超越刑罚方法范围的新型的刑事责任方法，不具有刑罚性质。广义说则指对某些犯罪或某些犯罪分子不用传统监禁刑的刑罚方法而用非监禁刑的方法来感化、教育、改造，或适用较轻的短期自由刑，或严格限制死刑的适用，直至废除。因此，广义的轻刑化包含了狭义的内容。

（二）刑罚轻刑化的内涵

"第一，轻刑化不等于一概排斥重刑的适用。对于经济犯罪中可能严重危及人身财产利益的犯罪，如生产假冒伪劣产品罪、诈骗类经济犯罪，目前状况下不适宜用刑太轻，对这些犯罪处以重刑，目的是为了逐步减少重刑的适用，这与轻刑化的趋势并不矛盾。"

"第二，轻刑化不等于一味从轻。刑罚是特定政治、经济、文化背景下社会价值观念的产物，刑罚的轻重取决于社会的平均价值观念。轻刑化也不等于一律在法定刑的最低点适用刑罚，否则相对法定刑就失去了意义，刑罚的适用将变得千篇一律，这与罪责刑相适应原则相违背。即使刑罚整体趋轻，也存在罪责刑相适应的问题。"〔1〕

二、生理性弱势群体犯罪轻刑化的路径

生理性弱势群体犯罪司法上轻刑化的路径，具体包括下列两方面：

1. 通过扩张解释的途径实现生理性弱势群体犯罪司法上轻刑化

扩张解释是指根据立法精神，结合社会的现实需要，将刑法条文的含义作扩大范围的解释。在扩张解释的情况下，解释的内容已经超出了刑法条文的字面含义。这种超出条文字面含义的解释之所以是合法的，主要是因为所解释的法律条文上的概念与被解释的事实上的概念之间具有法律性质的联系。当然，也不排除在某些情况下，存在通过扩张解释以补救立法不确切之弊。陈兴良教授将罪刑法定原则中的"法律有明文规定"分为显形规定和隐形规定两种情况。显形规定是指字面上的直接规定，而隐形规定则是指内容上的包容规定。隐形规定主要依赖司法者的业务水平通过找法来解决，显形规定司法者一般通过字面的简单对照判断即可认定犯罪。正因显形规定的明确性，有时需要立法机关或者司法机关作出扩张解释来适用某些新的不法行为。张明楷教授解释为：成文法的局限性决定了刑法不可能对所有的"犯罪"作出毫无遗漏的规定，即事实上存在着实质上值得科处刑罚但缺乏形式规定的行为，对于这种情况，应当在不违反民主主义与预测可能性的原理（罪刑法定主义）的前提下，对刑法作扩张解释。例如，《刑法》第49条规定："审判的时候怀孕的妇女，不适用死刑。"从词义上来看，审判是指侦查、起诉相对应的刑事诉讼程序，因而审判的时候不包括侦查、起诉的时候，但根据有关

---

〔1〕 黄昭："论刑罚的轻刑化"，载湖南省岳阳市中级人民法院网 http://hnyyzy. chinacourt. gov. cn/article/detail/2012/12/id/928382. shtml，最后访问时间：2019 年 2 月 26 日。

司法解释的规定，这里的审判的时候是指从羁押到执行的整个诉讼过程，而不是仅指法院审理阶段。即使在法院作出死刑立即执行的终审判决以后，在执行死刑时发现被执行的妇女怀孕的，也应停止死刑的执行，并依法予以改判。由此可见，对"审刑的时候"所作的是扩张解释，将含义扩大到文义字面范围之外。扩张解释必须坚持处罚的必要性和刑法规定的可能文义之内同时兼备。不能因为处罚的必要性高，就推定为在刑法规定的可能文义之内；也不能因为行为在刑法规定的可能文义之内，而不考虑处罚的必要性。当然，刑法用语的可能含义或核心含义到底是什么，受文字特点的影响，其界定并非易事，应结合社会生活事实的变化和法条所保障的客体作出解释。

2. 通过司法解释的途径对生理性弱势群体实施的犯罪规定从宽处罚情节实现轻刑化

司法解释就是依法作出的具有普遍司法效力的解释。广义上是指，每一个法官审理每一起案件，都要对法律作出理解，然后才能够具体适用。因此，必须对法律作出解释，才能作出裁判。每一个案件都要这样做。我国的司法解释特指由最高人民法院和最高人民检察院根据法律赋予的职权，对审判和检察工作中具体应用法律所作的具有普遍司法效力的解释。司法解释只能由有权机关作出。司法解释，具有普遍的司法效力，有关司法机关在办案中应当遵照执行。没有法律具体明确规定的，也要严格依照法律的精神和法律的原则作出解释，供审判工作中具体适用。这就是我们对司法解释的一般理解。

通过司法解释的途径对生理性弱势群体实施的犯罪规定从宽处罚情节可以实现轻刑化。根据《刑法》第13条"但书"的出罪功能，我国很多司法解释都对生理性弱势群体实施的某些犯罪规定了从宽处罚的情节。但司法实践中对于生理性弱势群体实施的犯罪缺乏从宽处罚规定的现象大量存在：

第一，处于社会底层确因生活困难而实施诈骗、抢夺等的财产性犯罪的；

第二，确因生活困难而在实施的交通运输过程中、危险物品运输过程中触犯交通肇事罪、危险物品肇事罪等罪名的；

第三，聋哑人或者盲人之外的一般残疾人实施的犯罪；

第四，不满75周岁、但自身辨认和控制力低于常人的老年人实施的犯罪；

第五，先天发育不良或者后天疾病影响而智力低下的人实施的犯罪；

第六，怀孕妇女实施的犯罪。

类似情况都未能被上升为司法解释层面的从宽处罚情节，在今后的刑事司法过程中，可以根据司法实践的具体情况和需要，将上述生理性弱势群体实施犯罪的情况上升为从宽处罚情节，予以轻刑化。

此外，对于生理性弱势群体实施犯罪而又因为条件不成熟暂未纳入或者无须纳入司法解释的情况，可作为酌定从宽处罚的情节，由司法人员根据案件的具体情况予以灵活把握，尽可能地对生理性弱势群体适用较轻的刑种，或者在量刑的幅度内选择较轻的刑罚。

第三节　非刑罚化

一、非刑罚化的含义

早在 20 世纪 70 年代，德国著名法学家耶施克就论及了非刑罚化问题，他认为，在世界性刑法改革运动中，超出了传统的主刑范围，出现了新的制裁方式。它既不是自由刑，也不是罚金刑，而是试图利用其他办法来达到国家对罪犯产生感化作用这个目的，采取对受害人进行补偿，与为公众进行劳动这种积极的社会效果结合起来的新制裁方法。这种新制裁方法就是最早明确提出的非刑罚化措施。但到底什么方法才算是非刑罚化措施，目前学界大致有四种观点：

一是非监禁化说。认为非刑罚化是指对某些犯罪或某些犯罪分子不用传统监禁刑的刑罚方法而用非监禁刑的方法来感化改造罪犯。从这个意义上讲，非刑罚化并不排除罚金等非监禁性的刑罚方法。有学者甚至更明确地指出，非刑罚化的实质内涵就是非监禁化。[1]

二是刑罚替代措施说。即认为非刑罚化包含两方面的含义：一是将现行刑法规定的刑罚方法予以废除，使之不再作为刑罚方法；二是设置非刑罚处置方法以替代刑罚的适用。[2]

三是非刑罚方法说。该说认为，非刑罚化是指对某些行为虽然构成犯罪

---

〔1〕 参见马克昌、李希慧："完善刑法典两个问题的思考"，载《法学》1994 年第 12 期。

〔2〕 参见江英杰："我国非刑罚方法的立法完善"，载《中央政法管理干部学院学报》1993 年第 3 期。

但不采用刑罚处理，而采用非刑罚方法处理，或者原来有些传统刑罚，随着社会变化不再发生应有的作用而加以废除。持该观点的论者同时认为，无论是从内涵还是外延，非刑罚化都不应指刑罚的执行变通，而是与之并存的其他处理犯罪的方法，即刑法规定的除刑罚以外的其他实现刑事责任的辅助方式。

四是综合说。该说源于日本著名刑法学家大谷实教授的界定，认为所谓非刑罚化，是指用比较轻的制裁替代刑罚，或减轻、缓和刑罚，以处罚犯罪。从类型上讲，它包括立法上的非刑罚化和刑事司法上的非刑罚化，立法上的非刑罚化是指在立法上以保安处分或保护处分代替刑罚；后者是指在警察、检察、审判、行刑、保护等司法机关中的非刑罚化，如审判阶段的缓期执行和缓期宣告，行刑阶段的保护观察、假释等。

从非刑罚化语义上来看，其英语对应的意义为 depenalization，在法语中对应的意义为 dépénalisation，其意义为去刑化，即排除使用刑罚措施。但对于什么是刑罚这一问题，各国由于刑罚理念还存在差异，必然会导致适用方式的不同，因而很难用一般化的用语来界定非刑罚化概念。从我国的状况来看，在刑罚种类上，刑法规定了管制、拘役、有期徒刑、无期徒刑、死刑五种主刑和罚金、剥夺政治权利、没收财产、驱逐出境四种附加刑，并且专门规定了几种非刑罚方法；在刑罚适用制度上，规定了缓刑和假释制度。因此，从刑罚的经济性、谦抑性、人道化和社会防卫的刑事政策这些角度出发，本书赞成综合说，即非刑罚化不仅仅是指排除法律规定刑罚种类的运用，而且也指刑罚执行过程中的变更适用从而排除刑罚措施，它既包括轻微犯罪的免除刑罚或者免予处罚，比如没有造成损害的中止犯应当免除处罚，也包括已经宣告或者执行刑罚但是变更刑罚处遇方式的措施，比如，附考察条件的缓刑适用。申言之，非刑罚化就是刑罚宣告的回避、刑罚执行的回避以及犯罪人的社会化处遇。这样解读非刑罚化，主要理由在于以下两个方面：

第一，非刑罚化必须存在于刑罚之外的范畴。法律已经规定为刑罚主刑和附加刑的刑事制裁措施，理所当然地应该是刑罚方法，而绝对不可能再给它界定为非刑罚化措施了。从这个意义上考察，那种认为非刑罚化的实质就是非监禁化的观点是错误的。在非监禁刑中，一类是刑罚的法定种类，虽然其是非监禁措施，但是属于刑罚方法；另一类是刑罚执行的地点在法定监禁区域之外，虽然是刑罚执行区域在非监禁状态，但是依然是刑罚的执行，只不过是执行的地点变更而已。非监禁化可以涵盖非刑罚化，但是非刑罚化则明显范围小于非监禁化。因此，不能混淆非刑罚化与非监禁化的区别。[1]

第二，非刑罚化不能只是静态意义上的非刑罚方法，还应该包括动态的犯罪宣告但排除刑罚执行和已经执行的刑罚变更与废弃，这种刑罚适用的执行变更或者废弃不是执行方式或者地点的变化，而是刑罚方法继续执行的排除。从刑罚谦抑性的角度来看，犯罪宣告后或者刑罚执行到一定程度之时，符合一定条件不执行刑罚或者变更或者废弃刑罚能达到预防和控制犯罪目的时，就完全可以排除刑罚的适用，这既符合刑罚经济性、人道化的要求，也会达到更好的社会效果。[2]

二、生理性弱势群体犯罪司法上非刑罚化的路径

1. 通过司法解释途径对生理性弱势群体实施的犯罪规定免除处罚情节

根据《刑法》第13条"但书"的出罪功能，我国很多司法解释都对生理性弱势群体实施某些犯罪规定了免除处罚情节。第一种情形：2009年《最高人民法院关于审理非法制造、买卖、运输枪支、弹药、爆炸物等刑事案件具体应用法律若干问题的解释》第9条规定，行为人确因生产、生活需要而非法制造、买卖、运输枪支、弹药、爆炸物，没有造成严重社会危害，经教育确有悔改表现的，可依法免除或者从轻处罚。第二种情形：针对未成年人的非刑罚化问题，刑法应对少年犯罪的刑罚种类和适用作出特别规定，特别是要减少监禁刑的使用，增加社会服务的处罚。除适用进一步完善后的非刑罚方法外，可考虑增设司法警告、善行保证、责令家长加强管教、管教协助、保护观察处分、社区公益劳动以及强制医疗措施等。此外，对青少年犯更多地适用不起诉或者免除处罚，也是值得肯定的。第三种情形：对于其他的生理性弱势群体，也可以通过司法解释作出非刑罚化指导性建议，促使司法人员在司法实践中尽量对生理性弱势群体多适用非刑罚处罚。

2. 通过司法解释明确生理性弱势群体适用非刑罚处罚方法的适用情形

在司法实践中，司法人员很少采用刑法规定的训诫、责令悔改、赔礼道

---

〔1〕　参见吴宗宪："试论非监禁刑及其执行体制的改革"，载《中国法学》2002年第6期。

〔2〕　参见杨涛、吴华清："论非刑罚化的生成及其实现途径"，载《辽宁大学学报（哲学社会科学版）》2006年第4期。

歉、赔偿损失、行政处罚或行政处分等具体的非刑罚处罚方式。主要是由于非刑罚处罚方法的规定过于笼统、不够详尽、缺乏可操作性。因此，特别需要通过司法解释明确生理性弱势群体适用非刑罚处罚方法的适用情形。

第一，对生理性弱势群体实施的轻微的盗窃罪、诈骗罪、侵占罪、聚众哄抢罪、故意毁坏财物罪等财产性犯罪，和轻微的过失犯罪如交通肇事罪，具备认罪悔罪表现、积极退赔等情节的，可以用赔偿损失来代替刑罚；

第二，对生理性弱势群体实施的故意伤害罪（轻伤）、侮辱罪、诽谤罪、侵犯通信自由罪、非法侵入住宅罪等轻微的侵犯公民人身权利、民主权利的犯罪，可以用责令犯罪人赔礼道歉来代替刑罚；

第三，对非法持有少量毒品、吸毒成瘾的罪犯，可以免予刑罚处罚，而实行强制戒毒。通过司法解释的指导性建议，可以打消司法人员的后顾之忧，加大实施非刑罚处罚方法的力度，更好地保护生理性弱势群体的利益。

此外，在司法裁量上，对于情节轻微、不需要判处刑罚的生理性弱势群体犯罪，按照《刑法》第 37 条的规定，尽可能多地适用免予刑事处罚和非刑罚处罚方法。

分　论

未成年人犯罪治理研究

预防和处罚是刑法规定的主要内容，在未成年人犯罪治理上我们需要有制度上的保障，不仅保障未成年人犯罪主体的权益，同时也要注重保障未成年人犯罪对象的权益。这是一个制度平衡问题，也是在法律规定中必须注重的问题。对未成年人的越轨行为进行纠正不仅仅是行为上的，更为重要的是通过法律和制度上的完善，实现未成年人行为与心理上的服从教育。当前针对未成年人犯罪特点，我国法律规定对于未成年人犯罪主要以教育为主，但对于未成年人犯罪教育措施的法律规定尚未健全。仅仅通过司法对未成年人进行教育是不够的。因为案件处理涉及面相当广，司法教育成本高。因此需要不断完善法律制度，规范和提供更多教育方式来纠正未成年犯罪的行为和心理。

一、未成年人犯罪现状及其表现特征

未成年人犯罪在各国都有发生，其不仅是一个严重的社会问题，同时也是一个法律问题，因此各国对未成年人犯罪都通过法律法规进行特别规定。当前我国尚未在此方面有一个完整系统的法律规范体系。我国颁布的《未成年人保护法》规定：未成年人是指未满18周岁的公民。但该部法律仅仅规定了未成年人年龄的上限而并没有规定其下限。我国刑法明确规定，14周岁至18周岁的未成年人需要承担刑事责任。2006年颁布的《最高人民法院关于审理未成年人刑事案件具体应用法律若干问题的解释》对"未成年人刑事案件"的内容进行了明确规定。所以，未成年人犯罪已经明确为：已满14周岁不满

18 周岁的人所实施的违反刑法规定的犯罪。

我国未成年人的人口比例较高，约占 16%，犯罪心理学家将已满 14 周岁不满 18 周岁称作"危险年龄"段。由于未成年人认识和辨别能力尚未健全，且社会当下的诱惑力大，不少未成年人误入犯罪歧途。心理不成熟身体却早熟，造成未成年人很多方面的问题：脾气大，个性强，意志力差，等等。未成年人犯罪有以下特征：[1]

1. 低龄化是未成年人犯罪的趋向

从笔者获取的调查资料来看，2013 年到 2015 年间某市人民检察院公诉机构办理的案件中，16 周岁到 18 周岁之间的未成年犯，2013 年 61 人，2014 年 37 人，人数相比于 2013 年有所下降；2015 年 137 人，人数相比于 2013 年和 2014 年都有大幅度的增加，比 2014 年增长了 270.0% 。14 周岁到 16 周岁之间的未成年犯，2013 年 11 人，2014 年 15 人，2015 年 26 人，该项数据呈现出增加的趋势。该年龄段罪犯占未成年罪犯的比重为：2013 年占比 15.3%，2014 年占比 28.8%，2015 年占比 16.0%。由此看出年龄较小的犯罪人员比重高。另有数据显示，2015 年南昌市人民检察院公诉机构办理的案件当中，年龄在 16 周岁以下的犯罪人员有 43 人，在 16 周岁到 18 周岁之间的犯罪人员有 234 人，各占犯罪人员的 6.6% 与 36.2%；未成年罪犯低龄化现象值得深思。

2. 无职业者居多，文化程度不高

2015 年，某市人民法院审理的案件涉及未成年罪犯共 279 名，从他们受教育的情况分析，未成年人罪犯初中文化者居多。小学文化者 23 人，初中文化者 227 人，高中文化者 17 人，中专文化者 10 人，专科文化者 2 人。初中文化及以下的罪犯有 250 人，占未成年犯罪总人数的 89.6%，说明罪犯中有较大比例的人尚未完成九年义务教育。根据其就业情况调查，其中 78.9% 的人没有工作，意味着 220 人无业。这些资料显示出无业者和文化程度不高的未成年人犯罪率高，这值得思考。未成年人因没有工作、文化程度不高，自我约束能力不强，甚至没有自我约束的意识，形成无业游民的状态，生活没有着落。同时又向往富足的生活，因此往往会形成巨大的心理落差，觉得社会不公，产生报复社会的不良想法，进而容易在内心的驱使下实施犯罪行为。

---

〔1〕 以下数据根据笔者在四川某地级市调研所得样本分析获取。

3. 未成年人犯罪中在校生占有一定比例

当前未成年人在校生的比例相当高，由于我国教育资源不足，很多学生老师没有精力去关注，导致未成年人形成心理落差，同时产生叛逆心理。在校生犯罪往往是因为与同学朋友间的矛盾冲突。在未成年人犯罪中，在读学生人数有相当的比例。在某市人民法院所审理的未成年人犯罪案件中，在读学生 32 人，占犯罪总人数的 11.5%，就其比例而言是比较高的。针对未成年人犯罪在校生比例高的状况进行对症下药，在校内加强在校生的法律意识教育，有助于解决这一问题。

4. 缺少监管的未成年人占有相当比例

我国经济发展不平衡不充分的现实问题，导致中西部人口大量流入东部发达地区，而中西部地区留下了大量缺乏监护和管理的留守儿童，大量的留守儿童与社会闲人一起聚集，容易被教唆犯罪。未成年人犯罪比例较高是有因可循的，其中一个原因是各方面对于未成年人的监管在方式和力度上都有不足，农村留守未成年人的监管问题是关键。在家庭里有养无教，未成年人在成长中缺少内心的约束和制约，与父母之间的情感交流较少，再加上老年人常溺爱，容易产生大胆心理。未成年人因缺乏有效的管教，沉迷于游戏，追逐新奇事务，容易与社会闲人聚集。未成年人罪犯的家庭背景有如下共同点：第一，家长文化程度不高，受教育水平低，管教孩子方式存在问题。第二，未成年人在成长中养成恶习，难以调教。第三，隔代教育，长辈溺爱。有效的教育和监管对于孩子性格的养成有着重要的影响，没有好的教育，没有好的环境，与未成年人形成怪异的性格、悲观自卑的情绪从而进行犯罪有重要联系。

5. 团伙、侵犯财产、暴力犯罪现象突出

从上述分析可知：2013 年未成年人间暴力犯罪占总犯罪的比例是 59.7%，2014 年间上升到 61.5%，2015 年增加幅度更达到 73.8%。其中侵犯财产犯罪在 2013 年是 72.2%，2014 年增加到 76.9%，2015 年上升到 77.9%，同样表现出上升趋势。分析数据资料发现，既属于未成年人暴力犯罪又属于侵犯财产犯罪的所占比重高，三年中，在未成年人犯罪中的比例是 48.3%。若将二者进行比较，侵犯财产犯罪所占未成年人犯罪案件的比例明显高于暴力犯罪，这透露出侵犯财产犯罪成了未成年人犯罪的主要趋势。部分青少年在没有学到一技之长时就进入社会，遇到了不曾料想的困难，感受到了理想与现实的直接差距，导致其自身更加气馁和悲观，这样的未成年人聚集在一起，相互灌输"黑"团伙的信息，耳濡目染各种暴力犯罪，相互怂恿，学会犯罪行为，久而久之容易走向团伙犯罪。江西省高级人民法院曾经做过数据统计，2015年处理过的犯罪案件里，有12%的犯罪分子是14周岁到16周岁的未成年人，让人感觉十分痛心。2015年1月在南昌市某县的几起盗窃案中，某犯罪团伙中年龄最小的只有11岁，一名14周岁的未成年人罪犯已经行窃两年。

6. 呈现科技化倾向

随着科技的普及和发展，未成年人犯罪智能化是未来未成年犯罪的总体趋势。当前智能化犯罪的方式多为制造虚假证件，使用虚假信息，还有一部分恶劣情况：未成年人依据所了解的知识自制电击手枪、麻醉剂、电匕首，等等。在2011年以前，绝大部分未成年人犯罪分子作案手段还较为低级，尚未涉及高科技领域。但从现在的未成年人犯罪的情况看，利用高科技犯罪将会成为新的趋势。如最近的热点话题网络游戏中的虚拟财产盗窃和买卖，网络信息的窃取等，智能化的领域、手段、程度都是无法想象的。近5年来，某市人民检察院总共受理了9起未成年人犯罪，涉案金额达到千万元之多。

7. 犯罪类型多样化且复杂化

社会环境现在变得更为复杂和多变，各种诱惑充斥在社会的各个角落。受到复杂社会环境的影响，未成年人犯罪类型变得更为多样更加复杂。市场化使各种文化在社会中穿插，开放的国际市场使得国外犯罪的类型也流传到国内，未成年人从中"借鉴"了犯罪的方式等。这是值得我们仔细研究的。未成年人涉案的类型变化极大，不同于原来的普通暴力和侵犯财产的犯罪，也不同于国际上的跨国犯罪，其犯罪原因更加的复杂，不是通过刑事处罚就可以一罚了之。新的类型的犯罪明显增加，以往的暴力和侵犯财产型的犯罪也在增加。这5年，某市人民检察院受理了强奸案5起、抢劫案6起、非法持枪案2起、交通肇事案3起、职务侵占案1起、故意伤害案10起、走私毒品案6起、敲诈勒索案5起、开办赌场案2起、杀人案5起、寻衅滋事案29起、非法使用窃听专用器材案1起、非法拘禁案2起、故意损坏财物案4起。

8. 团伙犯罪呈上升趋势

团伙犯罪是未成年人犯罪复杂化的一个具体表现。团伙犯罪意味着，犯罪的情节更加恶劣，犯罪的行为更具有社会危害性，团伙犯罪的方式将更加具有多变性。未成年人团伙犯罪有极大上升趋势。共同犯罪在某市检察院2015年所受理的未成年人犯罪案件中所占的比例为50%。随着其年龄的增长，未成年人团伙作案的比例增加，有的甚至转向黑社会性质的犯罪，暴力倾向更为严重，破坏了社会的和谐稳定并对社会治安施加了压力。未成年人犯罪分子在其团伙中分工犯罪，某一团伙共同实施的盗窃案件中，有的负责案件具体实施，有的负责站岗放哨，有的负责销售赃物。未成年人在各方面逐渐具有独立性，但在犯罪方面依然没有脱离其团伙，因为未成年人犯罪分子依然缺乏安全感，还需要团伙的配合，未成年人独自作案成功率是比较低的，所以犯罪团伙成为犯罪稳妥的依靠和保护。在犯罪过程中，未成年人内心的恐惧感是非常强烈的，这就更促进团伙的形成。未成年人犯罪团伙有黑社会发展趋势的，要关注和警惕，因为如果被一些别有用心的犯罪分子利用，其社会危害性不言而喻。网络传播的速度加快，电影情节中的一些犯罪情形也走进了未成年人犯罪当中，比如持刀、蒙面、麻醉剂、蒙汗药等这些在未成年人犯罪的犯罪手段中也有出现。甚至有的还学电影里的情节排练和预先谋划，让人啼笑皆非，但更让人心惊胆寒。如果实施的是非常严重的犯罪将会带来非常严重的犯罪后果。犯罪后进行犯罪证据的销毁和制造假的犯罪现场都时有发生，警方的工作也受到了阻碍。

9. 由性引发的犯罪近年来呈增长趋势

近年来，信息时代到来，信息的流通加快，信息的来源广泛，与此同时信息的泛滥加之监管的疏漏，使信息泥沙俱下，信息的选择权交给了信息的接收者，信息的过滤情况不理想，不良信息通过网络传播，没有经过筛选就进入流通，"黄、赌、毒"等信息在网络上肆意地流传，给未成年人的成长带来了危害，比如，色情信息。未成年人在未发育完全的情况下，对性的好奇心也大，早恋、性行为都在未成年人身上发生，在未成年人尚未接受到正式的性教育的情况下，发生性行为对于未成年人的危害可想而知。一些色情信息的传播对未成年人产生了严重的误导，从外部诱导刺激未成年人的好奇心和兴趣，在很大程度上促使未成年人走向犯罪。这在一些调查数据中可以得到全面的体现，2015年的一项数据表明，近些年未成年人在性犯罪方面的数量持续增加，在2013年到2015年间更为突出和明显，未成年人性犯罪人数占比从10%飞跃到31%。

10. 因吸毒、网络引发的犯罪猛增

国家禁毒委员会为了解国内吸毒人数的情况，对 23 个省、市、直辖区吸毒者的信息进行过调查统计，17 周岁至 35 周岁吸毒人数占总吸毒人数的 85.1%，有 60% 以上的吸毒者年龄在 25 周岁以下，25 周岁至 35 周岁的吸毒人数占 25% 左右，其中吸毒总人数最高的是在 17 周岁至 35 周岁这个阶段的青年人。众所周知，吸毒的危害是极大的，对于未成年人的危害甚大。未成年人在没有经济来源，同时也缺乏自身控制力的情况下，会陷入到毒品中难以脱身，其走向犯罪的可能性是极大的，盗窃、抢劫、诈骗、绑架等都有可能发生。网络在当今我们现实生活中是必不可少的，手机的大幅度普及，网络的大面积覆盖，使手机上网更加容易，手机网络信息又是相当复杂，这些传播的方式、传播的内容对于辨认能力不足的未成年人的危害不言而喻。

二、未成年人犯罪的原因

（一）未成年人犯罪的主观原因

1. 未成年人心理上的不稳定性

虽然现在未成年人早熟的现象普遍，但他们在心智的发展上仍然是不成熟的，对于外界事物的辨识能力和控制能力都没有发展健全，这是一个现实存在的问题，也是其发展成长中不可避免的问题，因此，他们在社会存在的一些因素诱导之下容易冲动，由此引发出一系列的未成年人越轨问题，比如犯罪。未成年人随着年龄增长，性发育也逐渐成熟，在心理上也发生了一些变化，对性行为的好奇和兴趣不断增加。此时如果没有正确的引导和教育，未成年人在接触到不良信息时很难有自我控制能力。对未成年人犯罪的研究和分析发现，相当数量的少年犯是由于自身身体素质弱受到其他人的欺负，采取了报复手段而犯罪。未成年人在犯罪心理上的不成熟突出表现为：第一，受教育程度低，缺乏法律和道德观念的约束。第二，养成了不良习惯，任性妄为，比如喝酒、赌博、吸烟、打架等。第三，缺乏奋斗的目标和追求，游手好闲。对案件进行系统分析发现，未成年人罪犯中大多数是没有经济来源的，既没有经济来源又贪恋奢迷生活往往是其走向犯罪的导火索。这些犯罪分子对于法律和道德存在认识上的偏差，甚至认为未成年人犯罪是不用承担法律责任的，这种认识相当荒谬，也是相当危险的。这是在没有接受过正规教育的情况下得出的错误结论。"文盲"虽然不存在了，但"法盲"却没有消失，其危害性是相当大的。未成年人由于青春年少，脾气大容易冲动，性格怪异，无法压制住自己内心的躁动，再加上缺乏外界的监管，难以对自身的行为进行约束，会容易受到他人的蛊惑，最终误入歧途。[1]

2. 未成年人生理上的不成熟

未成年人的生理和心理上的不成熟导致了青春期的叛逆性格，他们往往会依据自己的心情和情绪进行判断和选择做出比较出格的行为。通过分析和对比未成年人的犯罪案件，容易得出一个大家都认可的结论，就是未成年人罪犯有着青春期爱自由的特点，在缺乏有效的引导、管理和监督之下容易与其他社会闲杂人等同流合污，忘记了法律和道德的红线，模糊了合法与非法的界限，自由、激情、随意、胆大、尝试成了未成年人身上的主题，这正是未成年人生理不成熟的具体表现：对个性的释放，肆意的追求，往往过于重视自我，却忽视整个社会和他人的感受，抱怨其命运的不公，报复社会的极端行为。未成年人在生理上的不成熟，也会表现在交友上，比如交友不慎重，倾向于意气相投，寻找自己的生活圈子。因为未成年人难以对社会事物进行正确的判断与辨别，难以抵制外界的诱惑，在其自我控制意识不足，又没有接受到正确的、系统的、完整的教育的情况下，无法准确认识到自身行为的不足，内心容易愤怒，势必会寻找发泄情绪的渠道，可能给他人造成伤害。在某市的一起案例中，张某、谢某、于某、陈某等人聚众斗殴事件，就是因为双方的无意之间的"冒犯"，导致双方产生矛盾和激烈斗殴，在事后双方都反思自己的行为，都为自己的行为感到后悔。

3. 犯罪因素偶发性

偶发性犯罪是指，因为未成年人心智尚未发育成熟，缺乏明智的判断力和辨别力，难以判断社会的各种行为，由于偶然的事件引发自身的冲动导致犯罪。在当今复杂多变的社会，未成年人对于自身行为的把握远远不够，在传统的价值观受到挑战，未成年人自身缺乏理智的思维和成熟的思考的情况下，容易贸然为出一口气而大打出手，引发一系列犯罪案件。

---

[1] 参见陈曲："青少年犯罪及不良行为预防问题研究综述"，载《经营管理者》2013 年第 10 期。

（二）未成年人犯罪的客观原因

1. 社会原因

现在的世界是缤纷多彩的，经济飞速发展，物质琳琅满目，信息瞬息万变，有些受过高等教育的成年人都无法应对社会的变迁和转型，更别提心智尚未成熟，应对事物能力不足的未成年人了。未成年人在未成熟时期踏入社会，往往容易接触到社会的阴暗面，形成对社会的偏见，产生社会黑暗、社会不公的错误认识，如果得到正确的引导，有可能及时纠正，但如果长期不予纠正会使未成年人形成长期的认识，随着未成年人的成长这种偏见会不断固化，这种偏见有潜在的危险，会对社会秩序的维护造成很不好的影响。现在社会的竞争压力大，未成年人对未来就更难有美好的期待了。学习压力大，学习竞争强，未成年人产生了厌学的心理，反感学校的教育，想要早日步入社会。新闻媒体的技术传播，各种不良信息交汇进入未成年人的眼、脑、耳。同时，社会市场经济的发展使传统的价值观受到挑战，传统的道德观念受到冲击，虚荣心、享乐心滋生出来，好逸恶劳、好吃懒做等社会风气肆意横行。[1]

2. 环境原因

首先经济上的变化推动社会各个方面的转型，其次，国外文化进入国内，"欧美风""韩流""日系"等冲击着未成年人对社会的认识和判断。美国学者班杜拉（Bandura）曾经说过："电影、电视中所呈现的暴力画面，让观众认为这种行为是可以被追捧的。"英国的一位心理学家威廉·爱·贝尔逊做过调查：以12周岁到15周岁的未成年人为实验样本，调查其观看电视中暴力画面的感受。调查得出了电视暴力画面对未成年人的影响极大的结论。现在媒体不断地报道暴力事件，对未成年人产生刺激，经过长时间的熏陶将会诱发未成年人暴力性、攻击性的性格，诱使未成年人出现凶残、挑衅的行为，产生相信暴力可以解决问题的心理。在影视作品的播出中呈现出来各种暴力的犯罪细节，比如，作案的方式、手段、工具，等等，竟然有的未成年人罪犯还学习影视作品里的反侦查和毁灭证据方法，让人不可思议，但确实存在，也引起了司法实务界和理论界的关注和研究。

---

[1] 参见李允江："未成年人犯罪的内部动因与外在影响研究"，载《东岳论丛》2009年第2期。

3. 家庭原因

在检察院公诉的未成年人犯罪案件中，许多家长都希望将未成年人重新带回家庭进行教育。由此可以认识到未成年人的监护人没有意识到法律的严肃性、后果的严重性，监护人对法律缺乏足够的认识或者认识不全面，简单地认为法律是可以讨价还价的，犯罪是可以通过原谅和赔偿来解决的，由此说明监护人自身都没有对法律有深入的认识。监护人自然对于未成年人也没有全面系统地进行法律教育，有时候甚至可能还是错误的，这一问题的存在对未成年人自身的危害性也是巨大的，他们自然而然也不会对法律产生深入的认识。监护人对于未成年人的教育是非常重要的，家庭的环境比学校和社会的环境更加重要，所以才有了家庭教育比学校教育更加重要的说法，监护人的一举一动都进入了未成年人的眼里，未成年人的不良习性也是来自于监护人，俗语说"近朱者赤，近墨者黑"，监护人是未成年人的第一任老师，也是至关重要的老师，未成年人都以监护人为榜样和模仿的对象。监护人酗酒、赌博、暴力都会在未成年人的成长中产生重大不良影响。

4. 学校原因

因为评比的压力和应试教育体制的要求，学校更关注的是学生的成绩，以学生成绩的好坏来判定学生的前途和未来。那些成绩差的学生认为受到不公平的待遇，心理落差大。这对正在成长阶段的未成年人的影响极大，使得成绩差的学生产生厌学情绪，不愿读书，产生读书无望的想法，慢慢地其心理产生非常危险的变化，最终因为没有及时得到纠正走向犯罪。一些不良的习性影响了未成年人的成长环境，客观环境的不良影响，直接影响着未成年人的世界观、价值观、人生观，对于未成年人走向犯罪也有着不可忽视的负面影响。学校对于学生的成长同样意义重大，学校的教育不仅仅在于教授学生读书识字，在德育方面也有着关键作用，德育又是教育的重中之重。在校园内法治和道德教育上的缺失，导致未成年人对法律界限的认识不清，对是非判断能力的欠缺，对社会环境的认识不够。学校对学生有着传道授业解惑的作用。所谓传道不仅仅是传授生存的技能，而且还包括道理和世事，初中和高中这一阶段是未成年人成长成熟的关键阶段，也是学校教育最为关键的阶段。但是此时的未成年人背负着沉重的学习压力，学校在升学率上也有着竞争压力，这些因素的综合作用导致我国当前的教育模式中德育教育和法治教育的严重缺失。根据近几年来的发展状况和发展趋势，德育教育和法治教育比重会越来越高，甚至会成为将来学生升学的一个重要衡量指标，这是我们乐于见到的事。一个好的学校教育环境会促使未成年人走向一个好的发展状态，有其好的发展的目标，能够弥补家庭教育的不足。一个好的学校教育的作用可以分为两个方面来谈：其一，好的学校德育教育和法治教育都在学校教育教学中占有很大比例，能够充分认识到学校在德育教育和法治教育中扮演重要的角色。其二，好的学校有着正确的教育体系，能够推动学生的健康成长，在学生成长的过程中引导学生树立理想和未来目标，学生有了生活目标就能够不断地为目标奋斗，使其不会在生活中迷失，促进学生在心理和智力上的成熟。

三、改善未成年人成长环境

（一）完善未成年人法律法规、构建保护未成年人的法律体系

我国在未成年人犯罪方面的法律规定尚不全面，存在着明显的缺漏，在司法实务操作的过程中给法官过多的自由裁量权，还没有真正做到有法可依，操作上也不是很方便，这点值得深入思考和研究。根据现状来分析，需要完善我国的法律制度，以指导案件的审判和刑罚的具体执行。完善对未成年人犯罪的预防和处罚，特别是在未成年人犯罪的预防上，要以严密的措施来保障对未成年人犯罪的控制。概言之，既要让未成年人犯罪得到有效的预防，又要在发生犯罪后果后能够对未成年人及时追究法律责任，防止其实施更为恶性的犯罪。

未成年人犯罪是各国关注和研究的重点课题，从我国的现状研究，法律和制度上的完善是解决我国未成年人犯罪问题的着力点与突破口——为未成年人犯罪的纠正与教育提供法律保障，为司法实务工作者提供对未成年人权益保护上的法律盾牌。未成年人犯罪就其社会危害性来说尚不算特别严重，宜以良好的法律制度措施来引导未成年犯罪人步入正途。多方立法对未成年人进行保护将会带动更多的社会资源向未成年人犯罪治理这一版块倾斜，进而带动社会全方位地保障未成年人。[1]

（二）完善教育体制，构建全民教育

当前我国的教育体制在国际上是特有的，我国传统文化中有"书中自有

---

〔1〕 参见路琦等："2014年我国未成年人犯罪研究报告——基于行为规范量表的分析"，载《中国青年社会科学》2015年第3期。

颜如玉，书中自有黄金屋"的思想观念。这些思想观念的存在有利也有弊，一方面，这些观念能够让人充分重视教育、加强教育，对于教育的重视将会提高我国人口的素质水平，很多未成年人能够学到一技之长，掌握谋生之道。另一方面也带来了一些消极的影响，成绩差的同学因得不到关注和重视而认为人生再无价值、无法有好的生活，产生了对自身的贬低和轻视的观念，这一观念给他们带来了非常严重的影响，使他们妄自菲薄，这样一些心理状态会给未成年人的成长带来非常重大的影响，误导他们对人生的追求。未成年人犯罪存在两个关键因素：第一，未成年人受教育程度低。这一因素影响其对客观事物的认识，对事物的判断力和洞察力不够，辨别是非的能力存在问题，这些或许很多人不以为然，但是这往往是至关重要的一点。第二，自我情绪把控能力不足。情绪的管理是一门学问，更是一种能力，需要多方面因素的综合才能具备这一能力。情绪的把控能力差是未成年人犯罪的一个突出表现，这一问题也普遍存在于我们生活之中。从未成年人受教育的状况研究，都会发现这两个问题的存在。通过教育使未成年人对法律熟悉，提高他们对客观事物的认识与辨认能力，加强这一方面的教育将会找到未成年人犯罪的根源和本质。百年大计，教育为本；教育大计，教师为本。可见教育对于未成年人成长的重要性和必要性。就我国的教育体制来说，存在对未成年人法律教育缺失，对客观事物认识教育短板等问题，所以从这些问题出发，应改革教育方式和教育评估体系，代之以素质教育、法治教育、性格教育等模式。第一，以德育人，德在才前。考察未成年人要看其德行，而不只是其成绩的优良，确立这一标准将会对未成年人的性格成长产生正面的影响。第二，以法治教育推动未成年人法律意识增强，法治教育应该成为学校教育指标体系的重要一环，成为中小学的必修课。培养其法律意识，学会遇到问题找法律，解决问题靠法律。法律是社会的正能量，正能量的注入会引导未成年人用法治思维思考问题。第三，深入研究未成年人教育体系。通过研究未成年人犯罪，学者发现未成年人犯罪的根源出现在教育上，教育没有真正实现对未成年人行为的引导、健康性格培养、生活习惯的养成上的作用。研究未成年人犯罪寻找其犯罪的特点制定措施，培养出适应新时代发展的未成年人。未成年人犯罪的预防和减少主要在于教育，惩罚只是一个配套措施而已，对这一点必须有明确的认识。

（三）司法实务部门严格履职，教惩并举

未成年犯罪人在害人的同时，也伤害了自己，对于未成年人犯罪案件，司法机关应该秉承着教育为主、惩罚为辅的思想，给孩子们正确的指导。做好判后帮教工作是如今司法机构的重要任务。在对服刑中的未成年犯罪人的管理中应该采用跟踪帮教的方式，采取合理的帮教措施对被判处缓刑、管制的未成年犯罪人来说有着重要的作用。不能歧视未成年犯罪人，而应该给予关怀。社会各界也应该对其开展多方位的支持工作，让其能够对生活重新燃起希望。除此之外，相关部门应该注重对网吧、游戏机房等娱乐场所的管理，杜绝出现犯罪现象，同时对未成年人加强管理，严禁其进入娱乐场所，并且对娱乐场所的秩序等方面进行严格的监督，清查和整改对未成年人身心健康产生不良影响的娱乐场所。公、检、法、司等相关机构，应该积极与学校开展工作，了解相关情况，并积极宣传法律法规，多方联合来提高学生法律意识，让学生提高自律性；对未成年犯罪人当然要进行相关的法律惩处，但是更该注重的是教育引导方面。所以，应该给孩子们机会，一些未成年人年龄小，因为一时冲动而犯罪，能够认识到自己的错误，有着良好的改过配合态度；这样应该让公安机关进行深刻的教导，并且配合学校教育力度，让其改过自新，帮助其树立积极的人生观和价值观；在检察机关方面，除了履行自己的法律监督责任，还应该加强对未成年人的法治教育；在法院方面，法院有着审判作用，在进行未成年人案件的审理时，应该对未成年人犯罪的原因进行研究，并且结合实际案情，对未成年人采取感化教育的方式并且对其进行服法教育，应该积极鼓励未成年犯罪人，在庭前、庭审及判决后的全过程中注重对其教育。学校、家庭和社会都是预防和减少未成年人犯罪的重要主体，所以应该采取合作的方式，共同营造良好的社会环境。

四、未成年人犯罪的其他治理对策

（一）学校防治

学校是未成年人活动的重要场所，学校的教育同时也是对未成年人影响重要的方面，教师是学校的支柱，学生是学校的组成部分，这其中的关系是相当紧密的，任何一个方面出现问题都会对其他方面造成深远影响，所以对每一个方面的关注都是必要的，每一个方面都是不可忽视的。学校把管理制度构建完善，管理的方式和体系都要通盘考虑，某一个环节、某一个方面出现纰漏都会影响许多的未成年人。一个学校拥有一个好的管理体系将会推动整个学校的管理水平上升一个档次，同时将会促进学校的环境和氛围往好的方向发展，对未成年人成长产生促进作用。学校依法依规的管理方式将会从侧面教育学生树立法治思维，拥有法律意识。不能忽视这一方面的影响，学校任何一方面都有可能影响未成年人的思想观念。学校的安全法治教育在未成年人成长中是不可或缺的。现在学校都存在法治教育的缺失问题，没有法律专家在学校，没有专业的老师讲法律，甚至有的学校法治教育课程都没有开设，专业的法律教师都没有，这一问题是值得深入研究的。未成年人在这一阶段的法治教育是不能缺位的。教师队伍建设也是相当重要，教师队伍也应该具备相关的法律知识储备，在教学过程中传授法律知识比起专门的法治教育更为有效，成果更为明显。教师是教育的根本，法治教育贯穿在教学过程中，这要求教师具备法律知识，这对教师队伍提高了要求，这也是随着时代发展所必须要推进的工作。教师的法律素养一定程度上决定着学生能够耳濡目染地感受法治教育的强大动力和社会需要的可能性。不同年龄阶段的未成年人都是需要法治教育的，不是小学或者中学某一阶段开设法治教育的课程就可以了，这是一个长期化、系统化的法治教育工作。在校园内推行依法治校，依法施教，让在校学生意识到法律就在身边。有矛盾就会有法律，有冲突就会有法律，有违法就会追究法律责任。在法治教育的过程中让未成年人了解法律文化、法律谚语，这将给整个社会法治现状带来一个巨大的转变。全民守法、法治社会才将会通过对未成年人法治教育得到大幅度的推进。将学生培养成具有法律思维、法律意识的人才，将会有助于他们在学习知识和专业技能的过程中找到法律的界限、明晰法律的底线在何处、深知法律对于其未来的生活的重要性。针对未成年人的法律书籍要与时俱进，以他们喜闻乐见的方式展示给未成年人，让法律书籍在未成年人的手里看得懂、弄得清。在潜移默化的过程中未成年人自然地会养成法律素养，甚至有时会给未成年人的父母进行普法宣传。法律书籍的编写要考虑未成年人的心智和生理特点，以便将法律知识更为容易地融入到未成年人的日常生活中。

（二）家庭防治

首先，家庭是未成年人生活的最为重要的场所，家庭的环境影响大于其他环境对于未成年人的影响，多方研究表明家庭环境影响未成年人心智和性格，好的家庭环境能够给未成年人一种正面积极的影响。其次，家庭是未成年人所有社会关系的聚焦点，未成年人的所有社会关系都与家庭相关，血缘、同学、朋友关系都在此散发。最后，家庭的教育方式对于未成年人的成长更为重要，众多家庭在未成年人成长中，都会遇到未成年人的叛逆、淘气，但是不同父母的不同教育方式会产生不同的效果。以上三点充分说明家庭防治不仅是不能缺失的，而且是相当重要的。父母是未成年人最好的老师，家庭的价值选择影响未成年人的价值选择。在家庭教育缺失的情况下，一些留守儿童、单亲家庭中的未成年人，可能走向犯罪。抢劫、盗窃这一类行为在留守儿童、单亲家庭的未成年人中时有存在，对于这一类未成年人犯罪，家庭应该是防治的重点。家庭要给予未成年人一种安全感，包括现在、未来的安全感。家庭在教育的过程中给未成年人的教导要平和，不是一味的粗暴。

（三）社会防治

人是社会的重要组成部分，人不可能离开社会而存在，社会是人生存而无法逃避的地方，社会与每一个人都是息息相关的，人既是独立的个体，也是非独立的社会成员。每一个时代的社会环境所不同，每一个国家或地区的社会环境也是不同的。纵观世界各国社会状况，分析各地区社会特点，很多存在的特点都不是我们能够理解清楚的。就我们而言，当前我国社会正在迅速地转型，呈现一个整体螺旋式的上升趋势，这其中必然会存在一些波动，这也是在所难免的。社会防治应该结合我国社会的特点，借鉴其他国家的经验来解决我国当前未成年人犯罪防治这一块的问题。第一，营造风清气正的社会环境，建构良性成长环境。未成年人的辨别能力不足，恰好我国社会又正处于转型时期，社会的诱惑程度大、陷阱多，稍有不慎就会掉入陷阱之中。从各个方面来讲社会的环境还需要加强营造，把违法违规的行为引入到整治的体系之中。第二，调动社会组织的积极性。社会的群体组织提供专业的未成年人犯罪防治的方式和方法，充分调动社会组织的积极性，把更多的社会力量引进来，既可以减少政府在此方面的运行成本，又能够集聚多方的社会力量。

综上可知，未成年人犯罪的研究，是现代法治研究的一个重点，未成年人犯罪情况是衡量社会法治程度的一个非常具有标志性、代表性的指标。在刑法研究的课堂中，未成年人犯罪这一课题是热点、重点，同样也是难点。预防和减少未成年人犯罪是一个长期性的研究课题，未成年人犯罪的各个方面会随着社会的变迁和转型而产生变化。在立法方面，我国关于预防和减少未成年人犯罪的立法质量和数量都需要进一步加强，随着社会转型加快，我国关于未成年人的立法也要跟上新时代的发展变化，契合预防和减少未成年人犯罪的需求。在理论方面，我国关于未成年人犯罪的理论研究需要加强，要尽快形成一批有理论、高水平的研究成果。在司法实务方面，我国司法实务中没有一个真正的关于未成年人犯罪的体系，很多都只是停留在表面，也没有对未成年人犯罪后的教育作出实质性的规定。对于未成年人犯罪的理论研究，笔者会继续进行深入探讨，绝不会戛然而止。

第二章

女性犯罪治理研究

一、女性犯罪的定义

从哲学的观点来看，"概念"是人类对一个复杂过程或事物的理解，是从感性认识上升为理性认识的过程。现代意义上"概念"一词是指反映事物本质属性的思维形式，我国国家标准中将"概念"定义为：对特征的独特组合而形成的知识单元。在研究一个问题或对象时我们必须首先弄清其概念为何，这就是找准研究方向的第一步。因此，关于女性犯罪问题的研究，首先必须界定清楚何为女性犯罪，即女性犯罪的概念为何，其内涵和外延是什么。从刑法学的产生和发展来看，犯罪与刑罚是刑法的第一定义。女性犯罪，顾名思义是指以女性作为犯罪主体而存在的一种严重危害社会的犯罪现象。因此可以看出，这一概念界定中最重要的是认清何为犯罪。施耐德教授在《犯罪学》中曾对犯罪的定义进行了详细的论述，认为其主要存在六种不同的界定角度。总结所有的定义，都不过是提供了一种判断标准，只要符合所述的标准，即构成犯罪，而其所列的标准无非是从刑法学、伦理学、社会学等角度出发进行不同的界定。犯罪作为一种严重危害社会的现象，正是不同学科的关注重点不同造就了对其认识的不同。本书主要是从法学角度研究女性犯罪，因此可以总结出其在刑法中的形式概念与实质概念之分，即女性犯罪的形式概念与实质概念之别。

犯罪的形式概念来源于罪刑法定原则，这一基本原则从产生至今已经有数百年的历史，其早期思想渊源被认为是英国的《自由大宪章》第 39 条的规定："凡是自由民除经其贵族依法判决或遵照国内之法律之规定外，不得加以扣留、监禁、没收其财产、剥夺其法律保护权，或加以驱逐、伤害、搜索或者逮捕。"其后随着文艺复兴、启蒙运动的发展，欧洲法学家针对过去封建刑法中存在的那些罪刑擅断、蔑视人权、惨无人道的法律条款进行了激烈的批评，并更加坚定地以三权分立学说以及心理强制说为理论基础，主张刑法应当坚守罪刑法定原则，使得罪刑法定原则的思想和内容变得愈加系统清晰。因此可以看出罪刑法定主要有三个要求：其一，法定化，即犯罪与刑罚必须是法律已经明文规定的，禁止法官任意定罪判刑；其二，实定化，即对于犯罪行为及其产生的法律后果，法律必须对其有明确的实体性的界定；其三，明确化，即刑法在规定犯罪与刑罚时必须文字表达清晰，意思明确，不可任意抽象模糊规定。因此，形式意义的女性犯罪即是指女性实施的刑法中明确规定为犯罪的行为。

形式认识是浅层次的认识，人们不应该仅仅停留在形式方面而忽略了深层次的实质认识。实质意义上的犯罪是从犯罪的本质角度出发对犯罪进行定义，其实早在 18 世纪，欧洲一些资产阶级启蒙思想家便开始对犯罪的实质概念进行研究，这样做的目的就是探讨并最后希望国家的刑法权能够被控制在合理的范围内。贝卡利亚曾指出：一切犯罪都是在侵犯社会，衡量犯罪的真正标尺是犯罪对社会的危害。[1]

这种认识可以看作是对犯罪最准确的实质性认识。著名法学家、哲学家黑格尔对犯罪的本质在前人认识基础上有了更加深层次的概括："侵害行为不只是影响直接受害人的存在，而且也牵涉到整个市民社会的观念和意识，会对整个社会在某种程度造成侵犯。因此衡量侵害行为的危险性时，对市民社会的危险性就成为它的严重性的一个规定，即是它的实质规定。"在对女性犯罪的认识上我们亦不能忽视对其进行实质性分析，即实质意义上的女性犯罪是女性实施的严重危害社会的行为。[2]当然现代意义上的犯罪定义已经逐渐演变为一种实质特征与形式特征相混合的概念，例如我国 1979 年《刑法》对犯罪所作的定义，这是罪刑法定原则进一步确定的原因，但也使得罪刑法定与社会相冲突的危害应运而生，学界对犯罪的定义应是立法上的概念还是司

---

〔1〕　参见［意］贝卡利亚：《论犯罪与刑罚》，黄风译，中国大百科全书出版社 1993 年版，第 71 页。

〔2〕　参见［德］黑格尔：《法哲学原理》，范扬、张企泰译，商务印书馆 1961 年版，第 95 页。

法上的概念产生了激烈的争论，但无论是何种观点，都对我们认清犯罪的形式与本质提供了有意义的帮助。因此对女性犯罪的定义可以说也是一种混合式的定义，既要考虑其严重的社会性，亦要注重其罪刑法定，只有刑法规定为犯罪的才可以定罪量刑。

二、女性犯罪现状

（一）我国女性犯罪现状

第一，女性犯罪人数呈上升趋势。主要源于现今女性的社会地位已经逐步打破原有的状态，女性被迫面临社会各方面激烈的竞争。来自社会和生活各方面的压力越来越大，女性问题成为如今社会较为关注的话题。女性犯罪人数的增加就是一个鲜活的例子。

第二，犯罪类型呈多样式发展，涉及的犯罪名称也越来越多。20 世纪我国女性犯罪的形式大多以财产犯罪为主，但近十几年来女性犯罪的形式在发生重大改变。现今女性犯罪的罪名几乎将整个刑法的罪名体系涵盖。除了一些普通型的犯罪外，一些新兴的犯罪类型比如贪污受贿、经济型犯罪在女性犯罪群体中的比重也呈上升趋势。

（二）我国女性犯罪类型

1. 女性暴力犯罪

女性暴力犯罪就是指犯罪的主体为女性，她们是具有完全或不完全刑事责任能力的人，她们实施犯罪的手段是暴力。就犯罪学和刑法而言，实施暴力是为了达到某种目的而采取侵略性攻击的行为，可以是对人或非人类的暴力。女性古往今来都是一个处于弱势地位的群体，尤其在古代，女性的社会地位是卑微的，所以以往女性犯罪是极少发生的。女性的社会地位低一方面阻碍女性进行自我进步，且对其心理和生理也产生消极影响，另一方面也不利于女性回归社会生活，它将会产生多方面的社会矛盾。女性属于一个特殊的存在主体，对家庭的扩展和孩子的成长都具有重要作用。在女性暴力犯罪中，多数原因在于家庭的不和睦和夫妻双方的观点分歧。

女性暴力犯罪的特点：

（1）突发性和激情性犯罪更加明显。这一特征源于很多犯罪女性患有心理疾病，大多数女性暴力罪犯在心理方面都存在一定的障碍，比如遇事处理态度极端、自私等。在交流不畅时，她们极易使用偏执的方式处理事情。女性在青春期和更年期情绪是多变、不稳定的，在这两个时期，女性容易控制不住情绪，容易出现抑郁症，容易出现不良暴力行为。在面对家庭纠纷时，由于女性自身的人格特质，她们容易成为被家庭成员侵害的、处于劣势的对象。

（2）被动性，诱发和胁迫犯罪非常突出。在当今社会，尽管女性地位有了很大程度的提高，但在实际生活中，女性依旧是处于弱势地位的群体，这种地位在近几十年不会得到太大改变。由此可见，女性在犯罪中常扮演被诱导、被强迫和从犯等次要角色，属于被动犯罪。

（3）具有区域性，农村家庭暴力案件更多。中国在经济文化发展方面，农村和城镇发展差距较大，所以大部分农村地区仍然处于经济文化比较落后的状况，思想也比较封建，且农村女性知识比较匮乏，文化程度不高。正是这种文化水平差距在一定程度上导致女性在遇到事情时，法治观念淡薄，不会理智地处理事情，相反她们更多地是采取极端的方式解决问题，比如采取暴力犯罪。

2. 女性性犯罪

近年来，女性性犯罪率呈增加趋势，女性性犯罪人数在逐步上升，已经成为社会公众共同关注的焦点。以下关于女性性犯罪的探究，其主要目的是让大家对这一情况有直观的了解，以采取有效对策预防该犯罪发生。

女性性犯罪的特点主要表现在：

（1）多重性。一方面，女性性犯罪者的组成多样化。另一方面，女性性犯罪的动因复杂，有的为了赚钱而不择手段出卖肉体，有的以勾引男性欺骗他们感情作为报复手段，有的则是因性心理异常或递变。

（2）隐蔽性。一是空间隐蔽。性犯罪是社会和法律都禁止的丑陋行为。正是由于这种大众心理和传统的思想的影响，行为人害怕被曝光，故通常采取秘密方式在隐蔽场所进行，包括住宅、酒店或办公室等。二是时间隐蔽，犯罪时间不确定。三是身份隐蔽，其大众知悉的身份基本是不真实的，多数伪造身份行动，所以难以确定行为人身份。

（3）重复性。女性性犯罪的累犯率较大。有的人自暴自弃，偏执并不屑于改正，陶醉于其中。有的人认为对其惩治是轻微的，愿意交钱了事反复犯罪。有的甚至纠正了一段时间，无法抵住诱惑便重操旧业。重复越多，伤害就越严重，这构成防治女性犯罪的重大问题。

3. 女性财产犯罪

所谓女性财产犯罪，是指犯罪主体为女性且采取违反法律规定的手段进行的侵犯财产的行为。如今我国经济朝着城市化方向快速发展，很多以往由男性从事的职业，如今已经逐步由女性从事且担当重要职位。如今还出现一个新特征，女性遇到棘手事情不再坚守以往的隐忍、包容态度，而是采取其他方式解决。现今虽然女性财产犯罪类型较多，不过较为突出的还是贪污贿赂等相关犯罪。

（1）女性盗窃犯罪。女性犯罪有其特殊的心理和生理特征，但是又与男性存在一些相同点。具体体现为：一是犯罪行为方式简单、易操作。在大家的印象中，女性普遍都是温婉、乖巧和胆怯的。正因为如此，女性犯罪者大多利用人们的无戒备之心在繁杂场所作案。女性身体体积与男性相比，采取暴力行为不利于其作案，所以女性多以小巧、可便携于身上的具有金钱价值的物品为目标物。二是以身边熟知的亲友和关系亲近的人为盗窃目标。财产主人对行窃人基于信任心理，而疏于对财物的保管和监视。因而，很容易在女性眼前显露自己财物的储存位置，更加便于女性完成犯罪行为。

（2）女性诈骗犯罪。指女性采取虚构或隐瞒事实的方式，骗取他人金钱价值较大的财物的行为。随着经济快速发展，我国经济水平得到极大提升，但也在一定程度上产生了消极影响。由于寻找自我虚荣感的满足和追求吃喝玩乐的上层体验，且好吃懒做，一些女性在此环境中极易走上犯罪道路。虽然调查显示，女性诈骗犯罪者受教育程度不高，其作案手段也低级，但是其完成率明显高于男性。

相比之下，女性与男性对话交流通常比与同性交往更有话题，这一特点促使她们诈骗成功率高。女性也通常利用自己这一特殊特点来进行犯罪。一方面，女性善于利用自己嘴甜会说话这一点使人上钩，尤其是对缺乏辨别能力的老人小孩上手，基本上"一抓一个准"。另一方面，在大众心中女性是善良、温婉的，有的男性认为自己占上风，可以通过嘴甜会说话的方式从女性身上占便宜，实际上，女性更为精明，这使得其诈骗行为更易成功。当然，女性诈骗犯罪是较为隐秘的。前面已经提到，女性诈骗犯罪通常伴随着"性"而存在，且受骗人也明知自己的行为是法律禁止的，这使得有的受害者在受骗后也不敢向警察说明其情况，而由自己承担不良后果。这是女性诈骗频频得手又能逃脱法律追究的一个重要原因。

（3）女性贪污、贿赂犯罪。就是指犯罪主体为女性国家公职人员，她们利用自身职位的便捷性，挪用公款或接受他人财物来为他人获取好处的犯罪行为。与男性相比，女性的犯罪行为有如下几个特征：

第一，大多数是职务犯罪。有的女性由于工作能力强且对细节把控力好，因而被安排在重要职务，她们基于领导对其的信任，便利用自己职务的便利性，在其职务上实施违法犯罪行为。

第二，法律意识观念不高，过于看重感情，难以与工作做一个有效平衡。工作单位在生活中也没有组织女性进行法治方面的学习，以至于她们法治观念淡薄，没有遵守法律的意识，没有树立正确价值观，这是她们走上犯罪道路的重要原因之一。

三、女性犯罪的原因

1. 深层的社会成因

（1）目前国内工作安排分配不均匀。基于生理上的特殊性，女性在今天充满压力的社交竞争中处于不利地位，在工作岗位中容易受到差别待遇，无业几率比男性高。

（2）社会机制不利于女性犯罪者权利的保护和救济。女性犯罪者因犯罪行为受到法律制裁，有的执法者没有做到对她们最基本的尊重和关心。因此，一些女性罪犯对生活有更深层次的怨恨，在惩治结束后，她们不但拒绝改正，甚至在原有的层次上加强对社会的报复。一些完成刑罚的女性，由于缺少社会对她们的帮扶及重新就业指导，其为了生活而再次走上违法犯罪道路。

（3）多种类文化的影响。传统落后腐朽文化和外国不良文化的侵蚀和扩散导致女性的思想观从一个偏激方向向另一个偏激方向走去，从以往的重视情义到现今向重视利益转换。这种寻求自我虚荣感的满足的思想，会使大多数女性误入歧途，为了达到自己目的而走上犯罪道路。

2. 复杂的家庭原因

（1）家庭暴力。家庭暴力是如今女性走向犯罪道路的主要原因。有的女性因经常遭到丈夫的打骂，以至于在忍无可忍之下犯下杀人和伤害等罪行。

（2）家庭教导。调查女性犯罪者可以得知，许多女性犯罪者的父母文化水平低，没有受到过高等教育，没有以合理的方法教导孩子，要么过于娇惯孩子、对其采取放养不管的状态，要么对孩子管教过于严苛，使孩子难以喘息。

（3）家庭组合不正常。首先是离异的家庭。这种家庭受伤害者更多的是女性和儿童，男人的不忠和抛弃导致一些女性的心灵遭到巨大伤害，以至于她们冒着犯罪的危险，采取报复行动。面对破碎的家庭，孩子们缺失父母的关心和呵护，精神遭受刺激。这种环境下成长的孩子更容易走上犯罪道路。其次是未婚家庭。未婚家庭指非婚同住和出轨同居等，一些年轻未婚同住女性对同住对象不满，易产生埋怨情绪，从而实施谋杀和伤害等罪行。

四、女性犯罪的预防

（一）加强社会层面保护

法律归根到底需要重视和维护女性的合法权利，保护女性合法权利是防止和遏制女性犯罪的一个重要对策。现今社会需要营造尊重和关爱女性的正确价值观，加强对女性的监管和保护，使女性在多方面能得到和男性同等的地位，受到同等的待遇，做到同工同酬。绝不能容忍抛弃、殴打、伤害和羞辱女性的行为，应该给予实施这类行为的人严格的法律惩治。应从以下两方面加强社会层面对女性的保护：

一是我国法律体系应加强保护女性在家庭中的权益。如修订《中华人民共和国妇女权益保障法》（以下简称《妇女权益保障法》），加大保护女性的力度，对于婚内财产的分配和继承问题作出明文规定。二是进一步对社会公众普及保护女性权利的重要性。如定期培养普法公职人员，提高其法治素养和能力，成立提供社会帮助的部门，使一些以往不能为自己维权的女性可以通过合法途径寻求帮助。广泛宣传《妇女权益保障法》，引导社会公众理智认识女性立法的重要意义，从根本上清除男女不平等的腐朽思想，营造有助于女性进步的良好氛围。进一步唤起女性自我保护和维权意识，使她们认识到用法律解决自己的问题与证据分不开，引导女性在日常生活中、在重要场所中，更应该加强自己的证据和权利保护观念，务必记得保护证据不丢失，从而发生危险时，能及时维护自己合法权益。

（二）构建反家庭暴力保护

想要从根本上防治不断发生的家庭暴力事件，首要要求是净化我国的法律环境并建立一部可行性高的法律规范来防治家庭暴力的扩张，来加速我国构建反家庭暴力体系的发展进程。

1. 完善反家庭暴力立法

在很长一段时间里，大众试图通过指出错误和实施教导来纠正罪犯。实践证明，这种一意孤行坚持自我的做法，无异于缘木求鱼，在法律至上的社会，抑制家庭暴力需要法律支持，没有法律的支持，单纯想要通过自己解决问题难以成功。中国现行法律没有具体针对家庭问题作明确的规定，存在很多不完善、笼统的规定。一方面，由于法无明文规定，无法对施暴者惩罚。另一方面，一些治安处罚条例虽然有对施暴者作出处罚规定，但是由于处罚力度不大，没有达到震慑作用，导致施暴者反复施暴。可以看出我国法律滞后，需要通过完善《中华人民共和国反家庭暴力法》来防止女性犯罪。

2. 增强司法执法机关干预家庭暴力的力度

公安和司法执法人员必须改变其观念，将家庭暴力案件与其他暴力案件一视同仁，完全消除传统落后思想观念中的家庭暴力概念，将处罚家庭暴力者作为基本原则，豁免作为一个例外，提高执行的能动性，把防止和遏制措施纳入公安综合管理体制，加大执法人员的参与力度。

3. 建立家庭暴力的举证责任倒置制度

所谓举证责任倒置制度，就是提出事实的一方当事人不承担举证责任，而由被告当事人负举证责任，即被告当事人就原告主张的事实存在与否进行证明，如果该被告不能证明事实不存在，那么就认定该原告主张的事实成立的制度。在证据推定中，一般是"谁主张谁举证"，该制度是这一原则的例外。在自诉案件中，家庭是一个较为私密的环境，暴力者的犯罪行为是隐秘的，难以被人发现，所以受害者很难保存对自己有利的证据，因而，自诉人想要胜诉很难。可以采取举证责任倒置制度来保护受害者，法院受理此案件时，被告者需要证明自己没有施暴行为来脱罪，反之则受到惩治。通过这种方式，可以有效保护受害者和惩治暴力犯罪者，进而可进一步制止家庭暴力。

（三）实现社会全方位保护

1. 消除不良现象，净化社会风气

防止女性犯罪的主要措施之一是营造一个美好的社会环境，调控一些可能导致其产生违法犯罪和实行犯罪行为的要素，构建一个完善的维护社会平稳发展的机制，优化社会不良风气，提供一个积极向上的美好环境。执法机关要配合有关单位加强对社会市场的管控，加强清除色情信息和打击色情犯罪的强度，做到防止不良书籍、音像制品侵入社会、侵蚀广大青年人。各级部门应加大普法宣传力度，从根本上扭转差别对待女性的不良风气，使广大女性能在当今社会中平等享有权利。

2. 加大人口管理，发挥社区作用

大批女性流动作案，且大部分犯罪者又是失业人员。由于她们没有单位的束缚，没有人对其进行管理监督，所以极易成为潜在的罪犯。因而，我们应加大对流动人员的管理，有效利用社区的作用。执法人员也应该多与流动人员原居住地联系，与原户籍地机关随时保持联系，加强社区对出租屋的管理。根据调查，在犯罪分子中，绝大多数罪犯被抓捕前都居住在出租屋。因而，完备的社区出租屋的监管制度有利于了解流动人口的动向。执法机关在管理层面应将出租屋纳入其中，实行管理责任制，匹配专业人员，对流动人口可能入住的出租屋进行严格监督。

3. 提高法律意识，加强普法力度

女性犯罪率呈上升趋势很大一部分原因是女性犯罪人对法律制度了解不足。因此，应该让女性提高法律意识，指导女性知法懂法，且利用法律保护自己，在法律规定范围内行使其权利和承担相应义务。只有自身法治观念提升后，才能够在自己合法权益受到侵害时，运用法律手段维护自己权益。各个执法和普法机关应该组织相关教育活动，举办学习班，来加强女性法律学习力度，提高女性的法律意识，最大限度利用互联网科技、广播电视台和书刊等，通过媒体来进行普法宣传，使女性潜移默化形成守法意识，学会使用法律武器来保护自己，将知法和守法结合起来，在合法权益受到侵害时选择合理方式解决。广大女性只有了解我国的法律法规，才能学会使用合法武器来保护自身权益，进而减少犯罪的发生。

五、结语

女性犯罪问题始终是围绕特殊的生理特点和女性所处地位来讨论，法律界对其特殊性和对社会的不良影响没有给予太多重视。事实上，女性犯罪在社会看来是一个成分复杂、较为棘手的问题。当今，女性可以参与的活动日益增加，在如今经济飞速发展的时代，物质生活水平在提高，人们的精神文化也在不断丰富，许多女性面对如今复杂、诱惑力极大的社会，容易丢失理智、缺乏辨别对错的能力，稍不注意极易走向犯罪的道路。原来男性犯罪人居多的领域，已逐渐由女性占据，并呈现女性犯罪人数量不断上升的趋势。

　　女性盗窃、卖淫、贪污贿赂等其他犯罪成为互联网、广播电视台等媒介的报道热点，女性犯罪已成为近年来最为复杂和敏感的话题，也已成为当前的主要研究对象和重要问题。本章围绕女性的生理特点，结合社会现状，通过进一步深究女性犯罪的成因、类型和防治等问题提出防止女性犯罪的措施，主要目的是希望能就减少女性第一次作案、避免女性再次犯罪提出一些有益的建议。社会环境具有指导和指引的功能，要积极发挥社会的引导作用，提升女性的自我素养，优化我国社会环境，真正实现男女地位平等，引导目前处于困境中的女性树立一个积极的正面的家庭价值观，这对于维持社会稳定、维护我国改革开放和市场经济建设的发展成果有着重要深远的影响。

第三章

老年人犯罪治理研究

改革开放后我国的经济迅速发展，人民生活水平有了极大提高，加上医疗卫生事业的发展，人们的健康水平普遍提高，寿命不断地延长，老年人口日益增加，我国老龄人口的比重日趋上升，老龄化社会的到来是社会发展的必然。这给我国的现代化建设带来沉重压力，也给社会带来种种问题，其中包括老年人犯罪问题。随着人口老龄化的进程加快，老年人犯罪问题也越来越突出。我们必须关注老年人犯罪问题，应针对老年人犯罪的各种特点、不同原因以及如何预防老年人犯罪等问题进行研究。通过对以上问题的探讨以达到对老年人犯罪问题全面而系统的认识，为预防和控制老年人犯罪的实际工作提供理论支持。

一、老年人犯罪的定义

老年人犯罪的人数日益增长，犯罪的领域也越来越广。我国已经进入老龄化社会，因此，应当重视研究我国当代老年人犯罪的基本定义以及各类表现形式。如今老年人犯罪是我国所面临的一个富有挑战性的研究领域。老年人犯罪在各个领域的含义不一样，每个国家给予的概念也有所不同。老年人犯罪，顾名思义，也就是犯罪主体是达到了一定的高龄限制的人群实施的犯罪。无论是国内还是国外，大部分犯罪学家对于老年人犯罪在生理以及心理上都做了较为仔细的研究，但发表的研究结果却不多。无论是从社会意义的角度还是法律意义的角度，划分年龄的界限是界定老年人犯罪的主要依据，但并不是唯一的依据，我们需要从各个层面去了解老年人犯罪。从如今的社会观念来说，在大多数人的观念里老年人的年龄起算点在 50 周岁左右，但是，老年人的真正定义是生理年龄在 60 周岁以上的人群，从社会结构上来看，这是符合整个社会成员的年龄划分的。当然，道德品质和犯罪实质不可混为一谈，现如今，很多老人被赋予各种各样的"标签"，比如德高望重等，他们在道德观念上出了差错，很容易让人误以为做了犯罪的事。[1]

老年人犯罪，是指已满 60 周岁的人所实施的严重危害社会的、违反刑事法律规范、应受刑罚或其他特定的非刑罚方法处罚的犯罪行为。

二、老年人犯罪的特点

从收集的相关资料来看，与其他犯罪主体相比，老年人犯罪的比例是比较低的，作案手段都相似。老年人犯罪一般非共同犯罪多于共同犯罪，不过老年团伙犯罪，也是个值得重视的新趋势。

（一）老年人犯罪的主体

老年人犯罪的种类颇多，对老年人犯罪的认识可以从犯罪主体方面去进行。犯罪主体的分类也有多种：

老年犯罪者是老年犯罪主体种类中的一种，是指犯罪人犯罪以后在被囚禁期间达到了老年人的年龄范围的人。也有些是年轻时犯罪，所受的刑期较长，一直都在服刑，直到老年期。两者定义所研究的方向有一定的交叉点，这也是老年犯罪现象的研究焦点之一。

老年初犯。这是我国台湾地区的学者所提出的，是指 60 周岁之前没有犯罪前科，第一次实施犯罪行为是在 60 周岁之后。老年初犯可以实施多次犯罪行为，前提是首次犯罪时年龄达到 60 周岁。许多老年人认为，初次犯罪，处罚总归是轻的，或者说初犯根本就不用处罚，这样错误的观点，也促使了不少老年人产生犯罪念头。

老年惯犯。是指那些从年轻时期就作出犯罪行为，直到老年时期仍在犯罪的人，犯罪具有继续性，这类人几乎大半生都在犯罪。

（二）老年人犯罪的作案方式

老年人单独犯罪的形式占多数，老年人的活动范围不如年轻人广泛，再

---

〔1〕 参见国华等："农村留守老年人犯罪透视"，载《纪实》2007 年第 12 期。

加上体力不支，力量较为单薄，作案的手段也就相对简单。根据相关调查，从犯罪行为的性质上看，暴力犯罪占 33.83%，财产犯罪占 19.17%，性犯罪占 18.05%，经济犯罪占 4.51%，其他犯罪占 24.44%。老年犯罪人实施的排名前三的犯罪行为的罪名依次为强奸罪（17.0%）、诈骗罪（12.8%）和盗窃罪（10.6%），这三类犯罪占老年人犯罪总数的 40.4%。老年人犯罪采用暴力手段的越来越多了，因为这类方式简单便捷。老年人内心敏感，做事小心谨慎，基本是单独行动，共同犯罪的情况不多。也有老年人教唆他人犯罪的情况，自己做不到的，总想着让别人去帮自己达到目的，虽说这类案例甚少，但也是存在的。此外，利用职务犯罪的老年人也不少，利用自己的人脉关系通过不合法的手段为其亲朋好友谋求利益的情况也是常常发生的，这类案例在生活中也很常见。

（三）犯罪类型不断增加

近年来，老年人犯罪的类型逐渐增多，以往的研究分析表明老年人犯罪的犯罪类型主要集中在盗窃、诈骗犯罪方面；男性老年人犯罪比女性老年人犯罪要多；老年人体力有限，基本是采用智取的手段。从犯罪人数来看，男性老年犯罪人数多一些，从年龄的角度，随着老年人年龄的上升犯罪的比例有所下降。如今社会发展迅速，老年人的犯罪类型也变得多样化。从已发生的案例状况来看，现在增加了故意伤害、贩毒、容留妇女卖淫、非法行医、拐卖妇女、强奸等犯罪类型。

三、老年人犯罪的原因分析

（一）空巢老人无人赡养

空巢老人是社会发展产生的消极现象，特别是在农村，大部分的青年人都出去打工赚钱，留在家里的，不是老人就是女人和孩子，几乎都是弱势群体，生活得不到保障，重重困难会让老年人的内心深处崩溃，心理状况很受创伤，家庭生活的失落感和社会关系的失败感是导致老年人出现心理问题的主要因素，当他们面对生活中的种种诱惑时，很容易上当。对空巢老人的赡养问题是如今社会中不可忽视的问题，老年人的赡养纠纷也会引发老年人犯罪，这样的案例屡见不鲜。在云南省发生过一起贩毒案，犯罪嫌疑人是一名 71 岁的老年人，令人诧异的是贩毒者的身份以及贩毒的原因，贩毒者余某退休前是一名医学教授，收入颇丰，可退休后无人赡养，成为空巢老人，其贩毒的原因竟是为了逃避孤独。一个空巢老人的内心是极其脆弱的，余某走进监狱后说："我不该用这种方式来满足内心的需要，如果有机会，我还会正确对待生活。"这样的犯罪动机让人觉得寒心，每个人对自己的父母都有必要的赡养义务，怎可对父母置之不理。[1]

家庭关系对于空巢老人来说是特别重要的，没有家，没有温暖和关怀，老年人的心理又怎么会得到满足呢？解决老年人的赡养问题，对于社会来说，有很大的帮助，对于老年人犯罪的治理来说，也有着很大作用。

（二）社会保障的不足

受教育的程度会影响人的思考模式，受教育程度低的人容易走上极端，最终导致犯罪。由于其法律意识尚浅，在他们的思考范围内，法律的束缚力也较弱，自然思维模式也极其狭隘。农村的老年人与外界接触较少，对于事物的是非缘由的认识程度底，这是引发农村老年人实施违法犯罪行为的因素之一。老年人固有的思想观对其犯罪也有一定的影响，老年人因为生活琐事引起争执的情况常有，无意间就走上了犯罪歧途。

虽说文化层次不是犯罪的决定因素，但犯罪者大多数是文化层次低的人，在老年人犯罪中更是明显。笔者对所收集的 266 个有效案例进行分析，发现 266 个老年人罪犯中有 118 个人文化程度较低，比例高达 44.36%，基本的法治观念淡薄，大多只明白杀人会坐牢等类似这样的观点，因此，当面临麻烦与问题时，容易冲动，采取的解决措施也不是很合理。

虽然老年人的生活经验比较丰富，但因为年龄的限制，他们接触新事物、新观念的机会也受限制了。这样的情况下，他们很有可能在面临新生活的环境和生活理念时，出现不理解、不接受的状况。让老年人在学问、观念等方面得到一定的提升，对预防和减少老年人犯罪会有很大的帮助。

（三）生活救助制度的缺陷

进入老年期之后，自然老化、离开工作岗位、生活收入减少、生活质量下降等，都会促使老年人财产犯罪的发生。城市老年人相对来说，生活还算稳定，虽然也有被遗弃、无人赡养的老人，但在城市，有养老的机构，情况相对好些。农村老年人，努力了大半生，基本上都是靠种地支撑生活，进入老年期，无力再耕耘，生活收入低，生活困难得不到救助的老年人也比较多，

---

〔1〕 参见郭晓红：《当代老年犯罪研究》，中国政法大学出版社 2011 年版，第 123～126 页。

经济上无来源或者是收入太低会让老年人走上犯罪的道路。虽说农村老年人大多文化水平有限，但他们做事也十分小心。老年人犯罪多半是单独行动，老年人向来比较警惕，戒备心理较强。

（四）基本权益不受保护

老年人，毕竟是一个弱势群体，无论文化程度的高低，受人欺负的老年人不尽其数。在老年期，心理情绪变化莫测，多疑的心理现象往往是引起有害结果的因素之一。年龄的增长会让老年人的心理脆弱、敏感、猜疑过多，无人赡养的老年人有实施犯罪的可能，有人赡养或是有赡养机构照顾的老年人，仍然有犯罪的可能。还有赡养人的虐待，给老年人的身体、精神带来了严重的伤害，老年人难以忍受时，很有可能会采取极端的手段报复。再者，老年人力量微薄，老年人犯罪残暴程度较低，作案方式简单，心理建设脆弱，容易受环境影响，财产或者人身受他人侵犯施暴后产生的自我保护心理和报复心理，这些都是导致老年人犯罪的常见因素。

四、老年人犯罪的治理对策

让老年人的生活得到合理的、基本的、全面的保障，比任何举措都有用。促使老年人走上犯罪的道路，除了部分原因出自老年人自身的修养和性格特征之外，大多都是生活得不到保障、不受人尊重导致的。为老年人的基本生活保障提出有效的措施，是预防老年人犯罪的最佳方式。

（一）完善空巢老人的赡养问题

空巢老人无人赡养的问题是间接导致老年人犯罪的因素之一。完善空巢老人的赡养问题，是减少老年人犯罪的有效方式之一。因此，我们应完善家庭养老和社会养老相结合的养老制度。空巢老人，要么膝下无子女，要么就是被家里亲人遗弃，除了健全养老机构的保障制度，还要增强社会赡养老年人的意识。家是港湾，是人活在这世上的温暖怀抱，家庭的关怀，能让老年人的心理需求等都得到满足，其情绪变化时能有人加以开导，能使老年人不易产生报复社会的极端念头。完善家庭赡养的法律责任，引起社会对老年人精神赡养的重视，将一些必要的道德观念与法律相结合，将"常回家看看或者是问候"等具体行为赋予强制性，这些不可忽视的必然行动，使得每一个空巢老人都能享受家庭的温暖，得到家人的关爱。

（二）加强对老年人的社会保障制度建设

社会所给予老年人的保障，有低保、养老机构等，但是这些制度都不够全面，针对老年人的各种状况，了解实际情况，加强农村的小城镇建设，是解决农村老年人居家养老的根本之道。老年人需要一个能展现自身才华的地方，为老年人组织更多的交流活动，让老年人的生活有丰富的色彩，能让老年人有乐观的心理状态。对于老年人的心理变化，提供免费的心理咨询。医疗上的保证是老年人生活中必需的重要制度，在已存在的基础上给老年人提供更多的保障，以实际行动去帮助贫困的老年人。从各个角度去观察老年人的状况，采取预防老年人犯罪的有效措施。

（三）健全对老年人生活及精神上的救助制度

当老年人在生活中遇到困难而自己无力解决的时候，在法律层面或是国家层面，应该有全方位的救助制度。

我国老年人文化程度较低的偏多，这类人群法律意识也不强，缺乏正确的自我保护意识，当其合法权益受到侵害时会被一些错误的观念误导，做出一些极端的行为。我国现有的救助制度尚且不够全面，目前有力的解决渠道是司法诉讼和调解。

调解方式是最容易让人想到的。矛盾发生时，人们基本都会想到口头调解，目前，我国农村虽然基本上都有调解机制，但调解人员都没有正式地学习过相关专业知识，能力尚且不足，解决力度不够，不能从根本上解决问题。

采取司法诉讼方式解决问题的人很少。发生在亲戚之间的事件，老年人一般都会选择忍让，现实中，也甚少发生实例，再者，老年人的收入不高，或是没有固定的收入，无力支付诉讼费、律师费等费用，所以他们一般不会选择采取司法诉讼方式来维护自己的权益。

（四）预防虐待老年人的行为发生

我们要从正面去呼吁社会为老年人提供保障：预防老年人被虐待，应当为其提供充实不空虚的生活环境，无人赡养的老年人，为其提供养老机构，让其不流落街头，生活得到基本的保障；被遗弃的老年人，加强家庭赡养的义务，从经济层面和精神层面给老年人提供家庭的温暖和关怀。从理性的方向看，孤独老年人再婚是可以的，让老年人余生有伴是件有益而无害的事，无论从哪个角度来说都应该支持。得到赡养或是基本生活能够维持的老年人，家庭、社会都应当多加关注老年人的心理情绪变化，从根本上去了解老年人逐渐改变的思想，让老年人以积极乐观的心态去面对生活。这样，既能降低老年人犯罪的可能性，又能预防老年人被虐待现象的发生。

老年期，是一个人最为无奈的时期，身体衰老，行动不便，需要有人照顾才能维持基本的生活，无收入，加之进入老年期后思维、观念发生变化，与年轻人的交流有代沟，很容易使父母子女之间的关系恶化，会给老年人的精神带来困扰，让老年人在家庭的主导地位动摇，特别是单亲家庭的老年人，更容易遭受晚辈的冷落和虐待。

尊老爱幼一直都是我国宣扬的优良传统，赡养孝顺父母更是子女不可逃避的义务。加强情感纽带，改善生活环境，通过各式各样的交流方式与父母增进感情，从而减少老年人被虐待现象的发生。

（五）帮助老年人树立正确的人生观、价值观

进入老年期，老年人的观念、心理状况都会发生一定的转变，生活方式的改变、对生活环境的不适应，会让老年人的人生观、价值观发生改变。让老年人树立一个正确的人生观、价值观，能让他们正确地看待生活，对往后的养老生活充满期待，而不是一味地担心自己老了之后的生活该如何过。老年人一般都希望自己在家庭、亲朋好友面前能有价值，对自己的老年生活也可以有所规划，就像老年人性犯罪所反映出的问题，老年无伴，生活空虚，无人关爱，难免性格扭曲，如果当今社会能够正确看待老年人再婚的问题，老年人性犯罪率可能就会降低。因此，公众要做到不拿陈旧的观念禁锢老年人，让老年人的性需求在生理上、道德上得到尊重。

老年人是一个弱势群体，具有一定的独特性，老年人犯罪如今是一个非常值得重视的问题。如今老年人犯罪数量大幅度增长，犯罪领域不断扩大，人口老龄化现象的影响不可忽略。进入老年期以后，精神障碍、心理和生理方面的变化都会成为促使老年人犯罪的重要因素。完善与老年人相关的社会制度，让老年人生活在一个充满幸福的家庭里，让老年人对法律有充分的认识，均是预防老年人犯罪的基本方式。

老年人犯罪的各类现象，都反映出了当今社会的问题。如今有些子女只是顾自己，甚至还会坑骗老人的积蓄；不仅不会解决赡养老人的问题，甚至出现遗弃老人的行为。部分老人的子女，虽然没有遗弃老人，但是不好生照顾，甚至实施虐待他们的行为。农村孤寡老人，膝下无子女，生活又特别贫困，社会保障制度的不完善，导致他们无法安享晚年。我国基本的法律还没

有专门为老年人量身定做的内容，都只是只言片语的规定，这个漏洞需要去完善，从各个方面来弥补。[1]

医疗制度的完善是必须的。昂贵药物是贫困家庭承受不起的，颇高的医疗费用也让大多老年人生病都不敢去医院诊治，老年人"不治而死"的事件时有发生，这样的状况容易激起老年人内心的不满，甚至是报复社会的心理。降低医药费用等于减轻老年人的生活负担，让老年人医得起病、活得了命。如今，常有医疗小组下乡问候，提供基本的检查，多关注老年人的身体状况及生活状态，有助于防止老年人产生违法犯罪的念头。还有一个潜在的问题，则是孤独老年人的犯罪治理问题。他们无依无靠，生活无法维持，这类老年人最容易走上触犯法律的道路。孤独老年人大多都无伴，有的无子女，有的被遗弃，他们内心更容易阴暗。让老年人有个温暖的家庭是最实在的，所以必须加强家庭赡养的法律责任。也有一些老年人有再婚的念头，只是世俗的观念把他们禁锢了。法律上没有明确规定说明老年人再婚的问题，老年人再婚某种程度上也能解决老年人犯罪的问题，有了老伴，有了家，老年人不会在外漂泊，身体和心灵有了归属，不再往偏激的方向去思考事物的是非了，对发生的所有好与坏都能坦然面对，对生活有了积极乐观的态度。再者就是离退休后的老年人，自尊心很强，家庭地位的转变也让他们内心极其不满，尊重老年人内心的真实想法，为老年人提供实现自我价值的平台，能防止老年人做出违背法律规定的行为，这对预防老年人犯罪有很大的帮助。

无论是青年人还是老年人，家庭永远是温暖的港湾。关注老年人犯罪，也是为了更进一步地促进社会和谐，健全对老年人的各种保障制度事关老年人的福祉，希望今后社会能给予老年人更多的温暖和关爱。

---

〔1〕　参见石硕等："延边地区农村老年人养老问题及对策"，载《商业经济》2014年第12期。

第四章

残疾人犯罪治理研究

近年来，残疾人犯罪案件在全国范围内呈高发态势，不仅在发案数量上逐年猛增，而且犯罪类型多样化，更有向暴力化、有组织化犯罪发展的趋势。由此引发的一系列社会问题给正处于转型期的我国社会的稳定和发展造成了巨大的影响，同时也引起了司法实务部门和法律理论界的关注。本章根据我国残疾人犯罪的现状、特点及原因，对我国刑法中残疾人刑事责任的完善、残疾犯罪人的心理矫治、残疾人刑事司法工作体系的构建等方面，提出了较为完善的治理对策。[1]

一、残疾人犯罪的概念及特点

(一) 残疾人犯罪的概念

我国是人口大国，由于受社会经济、遗传、医疗水平等因素的影响，残疾人在总人口中占了相当大的比例。我国有包括盲人、聋哑人、智力障碍者、肢体残疾者等在内的残疾人 8502 万人。这当中，聋哑人约 1770 万人。残疾人自身是不幸的，他们给家庭、亲人、社会带来巨大的精神压力和物质压力。目前我国残疾人的权益保障制度尚未健全，残疾人的生活、教育、就业状况不容乐观。残疾人犯罪就是指所有具有刑事责任能力的残疾人实施的违反我国《刑法》《中华人民共和国治安管理处罚法》（以下简称《治安管理处罚法》）

---

〔1〕 本章内容参见陈剑、曾栗："残疾人犯罪若干问题之探析"，载萍乡市安源区法院网 http://ayqfy. cncourt. org/public/detail. php？id＝525，最后访问时间：2018 年 2 月 28 日。

等法律在内的，具有社会危害性并应受到相应惩戒的犯罪行为的总称。[1]

（二）残疾人犯罪的特点

1. 作案手段简单直接、目的明确

残疾人违法犯罪大多与其生理缺陷有关，行为人甚至以之作为掩护手法。他们作案主要是针对财物，另有一部分是由于缺乏社会道德观念的正确引导而作出的侵犯公民人身的违法犯罪行为。由于社会群体大多对其抱着同情的态度，对残疾人违法犯罪缺乏防范，使其行为容易得逞。残疾人在钱财获取手段上，一般不大可能像健全人那样采用侵占、受贿的方式，他们针对钱物往往采取最直接、粗暴的偷盗、抢劫、抢夺方式。

2. 以团伙形式犯罪

残疾人团伙犯罪已成为一大趋势，情节恶劣。残疾人犯罪团伙违法犯罪作案频率高且速度快，作案时分工明确。一些残疾人犯罪团伙在实施抢劫、抢夺时，手段凶残，社会危害性极大。残疾人以团伙形式犯罪主要有两个原因：其一，残疾人固有的生理缺陷，加之家庭对他们的放任，使他们加入到犯罪团伙后能寻得一种归属感。所以其常常结伙行动、一起作案，具有聚合性的特点。其二，陌生的环境以及固有的"从众心理"导致其对犯罪团伙产生依赖。因此，残疾人刑事犯罪团伙比一般犯罪团伙具有更强的稳定性。

3. 易被他人引诱、教唆、操纵作案

一些不法分子专门引诱、教唆、操纵残疾人违法犯罪。残疾人文化水平偏低，大多处于文盲状态。他们当中有的仅能陈述自身及家庭情况，有的则由于愚昧无知，根本不能提供自身及家庭情况。特别是聋哑青少年，由于缺乏辨知能力、法律观，很容易被他人利用、教唆作案。

二、残疾人犯罪的原因分析

残疾人是不幸的，但他们的犯罪行为给社会和他人都带来了严重的伤害，理应受到法律的制裁。任何一种现象都有它的根源。分析残疾人犯罪的原因，可以有效地预防、避免残疾人犯罪，也可以为家庭、社会、学校和司法部门采取有效的措施提供依据。

---

[1] 参见刘翠霄编著：《各国残疾人权益保障比较研究》，中国社会科学出版社1994年版，第110~112页。

（一）经济需求得不到满足

与正常人收入的不均衡及物质生活的差距是构成残疾人财物犯罪的动因。社会的快速进步，使老百姓的物质生活较以往有了翻天覆地的变化，而残疾人的生活水准提高得却不是很快，与整个社会发展的差距呈现逐渐拉大的状况。残疾人就业一般都是在福利工厂。在市场经济的大潮中，激烈的竞争使很多福利厂难以维持，遇到人员裁减，可能会最先考虑残疾人。一些贪图物质享受或为生活所迫的、意志不坚定的残疾人就铤而走险，走上了犯罪的道路。

残疾人在财物上，一般不大可能像正常人那样采取贪污、受贿、诈骗的方式，他们针对财物往往采取最直接、粗暴的偷盗、抢劫方式。近几年，在这方面表现得尤为突出，并有数量不断增加的趋势。

（二）缺乏法律意识

不知法、不懂法、不会用法导致残疾人错误地走上犯罪道路。在当今社会中，人们对残疾人及其家庭一般都抱以同情、谦让的态度。生活中磕磕碰碰的事是难免的，而少数残疾人或残疾家庭却用狭隘自私的心理来对待社会和别人，甚至以残疾为借口，采取过激的报复行凶行为，对他人的人身财产构成侵害，走上犯罪的道路。因用野蛮的手段行凶报复别人，结果害了自己。

（三）权利得不到保障

残疾人受教育的权利得不到有力保障，不少残疾人中途辍学，过早进入社会，他们法律观念淡薄，很容易受到社会不法分子的操纵、教唆，染上不良品行，进而走向违法犯罪道路。再加上残疾人在就业方面受到限制，没有稳定的经济来源，多数靠家人接济生活。这些残疾人流浪社会时，容易走上犯罪的道路。如犯盗窃罪的蒋某，是右手臂被截肢的未成年残疾人，小学就辍学，父母又疏于管教，蒋某沉迷于网吧，认识同样残疾的吴某后开始盗窃。如今社会复杂，特别是人生观、道德观未成型的青少年们对社会的不良习气抵制力薄弱，更容易受到影响，走上不归路。

（四）不良的婚姻状况

婚姻状况的不尽人意是残疾人犯罪的又一重要原因。目前我国残疾人的婚姻状况非常令人担忧，成年男性残疾人的未婚比例高达 46.1%。残疾人的身体发育和生理欲望并不因身体的残疾而减缓或消失。当自己的生理欲望不能通过正常的婚姻生活得到满足，又不能通过正常生活调节自己的行为时，有些残疾人一时冲动而铸成大错。涉嫌强奸（未遂）的聋哑人宋某在审讯中就交待说，家里很穷，以前谈个女朋友（聋哑人）也分手了，现在 27 岁还没有结婚，这次是酒喝多了，一时冲动，做出违法的事。残疾人婚姻、家庭、生理方面的问题应引起人们的关注和研究。

（五）文化教育水平偏低

据教育部统计，我国目前聋哑人九年义务教育普及率很低，仅 10%，有的落后地区甚至远远低于 10%，聋哑人的教育主要还是依靠家庭的辅导和简单的社会教育。由于文化素质低下，聋哑人的道德观念缺乏正确的引导，法治教育也相当滞后，极易被引诱走上违法犯罪道路。有的聋哑人在社会上受到不公平待遇和歧视，在与他人发生冲突时，采取过激的行凶报复行为，对他人的人身财产构成侵害，错误地走上违法犯罪道路。

（六）心理障碍

因为生理缺陷，残疾人在许多方面都比正常人差，其自信心相对不足。部分残疾人存在较强的自卑心理，更需要得到亲友、老师等人更多的关心和帮助，及时矫正其心理问题。否则，经过长期的压抑容易形成心理疾病。在遭受不公正待遇时，自卑的心理会让他们比正常人更容易产生报复心理，从而导致犯罪。由于与其他社会群体的交流存在很大的障碍，他们在工作、生活中难免遭受歧视和不公正待遇。收入不平等和生活环境的压力使其心理扭曲，产成"厌世"的不良心态，进而产生违法犯罪的错误念头。

三、残疾人犯罪的治理对策

对残疾人犯罪的治理，首先，我们应该对残疾人一视同仁，不歧视他们，同时加强对他们的引导，鼓励其自强不息，积极为社会作贡献。其次是要拓宽残疾人的就业渠道，让他们学会自谋出路、自力更生。另外也要加强对残疾人的法治教育，不要让他们成为法治教育的一个盲点，防止他们再次上演"法盲犯罪的悲剧"。除此之外，还有以下治理对策：

（一）强化家庭监控

首先，残疾人犯罪有一个渐变的过程，家人与残疾人之间需要更多的沟通，要以正常的心态对待他们，对他们的过错行为更要及时给予制止和纠正，及时发现残疾人面临的问题并解决处理好，防止残疾人产生心理疾病。

其次，营造良好的家庭氛围。家庭是传播和学习文化及社会道德规范的重要场所，良好的家庭气氛和教育方法才能拥有良好的教育效果。以民主、平等、宽容取代独断、专横，要充分运用肢体语言和眼神的交流，倾听他们的烦恼，了解他们的忧虑，在良好的家庭氛围中，促进残疾人健康人格的形成。

最后，提高家长的教育管理水平，建立一套行之有效的家长教育制度，是预防犯罪的重要一环。家庭对残疾人应付出更多的关爱，应从小对他们进行心理辅导，引导他们塑造一个正常的心理。要在全社会倡导尊重残疾人、关爱残疾人，对残疾人应抱着常人的心态，不应把他们当成"异类"，给予残疾人更多的关爱、理解和帮助，防止他们因为社会不公而走上犯罪道路。

（二）健全社会保障

除了家庭、学校对残疾人的亲情感化教育外，政府和社会要建立保障体系和塑造关爱环境，完善社会对残疾人的教育、就业的社会救济保障机制，提高残疾人的素质和就业率，解决其工作、生活和婚姻等问题，防止残疾人因生活无助而走上犯罪。

国务院出台的《中华人民共和国残疾人保障法》规定，残疾人按比例就业。可事实上，绝大多数用人单位宁愿缴纳残疾人就业保障金，也不愿意接纳残疾人到企事业单位就业。因此，政府应采取一些相关的强制手段与措施，使那些品学兼优又具有一定社会适应能力的残疾人得到就业岗位，同时在待遇上与健康人一样享受同工同酬。

健全社会保障的措施还应包括：一方面要健全最低生活保障制度和基本医疗保险制度，城市和农村统筹发展，形成完善的社会保障体系；另一方面应当创造一些适合残疾人的工作岗位，满足残疾人的工作需求，使他们能全面地融入社会生活，形成全社会关心、理解、尊重、帮助残疾人的良好风尚。

（三）建立适合残疾人的教育机制

残疾人的法治教育，在我国的普法实践中一直以来都是一个盲区，我们不仅忽视了对他们整体的文化教育与素质教育，法治宣传更是一个死角。国家应当提供一定设施、师资条件，深入聋哑学校，深入基层，深入农村，通过发放法治图书资料、解析个案、以案说法、聘请翻译人员联合举办法律知识讲座等形式，普及法律知识，提高残疾人员知法、守法意识，努力减少或根除法盲，杜绝残疾人因不知法而铤而走险犯罪的现象。

第一，针对聋哑人，聋哑学校应增设专门的法律教育课。创办聋哑学校，进行特殊教育，是社会进步、文明的象征。目前，我国的聋哑学校在对聋哑学生进行法治教育上，还存在较大不足，还没有专门为聋哑人编写、供聋哑人使用、适合聋哑人身心认知特点的法律教材，大多数的学校对聋哑人进行法治教育使用的都是普校教材，这不完全适合聋哑人。

第二，在对聋哑人的早期教育中，几乎所有聋哑学校都采取封闭式教育管理，其动机是怕出安全事故承担责任或防止聋哑学生出逃或被人诱骗。但结果是，这严重阻碍了学生与社会的联系和社会实践活动的开展，聋哑学生的社会化进程再次受阻。经过 9 年的封闭式教育，聋哑学生一旦进入复杂而又竞争激烈的主流社会就难以适应了，在社会各种不良影响下犯罪增多。所以，应该采取以思想教育、心理辅导为主的教育，由聋哑学校教师、残疾人联合会工作人员和社区及用人单位共同负责，方式可以是定期到社区或用人单位，开展讲座、讨论和答疑，加强与单位之间的沟通联系，以解决聋哑人生活工作中的思想和实践问题。聋哑人工作一段时间后，再回到聋哑学校接受进一步的学历教育或短期培训，使聋哑学生出校门后有人管理、有人关心、有人教育，为聋哑人创造良好的接受继续教育的条件。

第三，提升聋哑学校的法治教育水平。当前聋哑学校对聋哑学生的法治教育还停留在思想品德课上的道德要求范围内，尚未上升到知法、守法的程度。随着国家对特殊教育的重视和投入的加大，越来越多的聋哑人将进入聋哑学校学习 8 年、10 年乃至 12 年，高中阶段的聋哑学生法律知识的传授应和文化知识、职业技能一样成为不可或缺的重要内容。学校应尽快编制出适合聋哑人教育的法治教材，应该从聋哑人的生理、心理出发，结合聋哑人实际，特别是多引用一些聋哑人犯罪的真实事例，这样对他们的教育才会有效。还应该把理论和一些影像资料结合起来，或聘请当地公安机关工作人员进入课堂给学生讲课，以引起学生的高度重视，并配备从法律专业毕业的老师，开设法律课，将培养心理健康的残疾人作为教育目标，使聋哑学生在校时学法、懂法，走向社会后守法、用法，成为懂法律、守规则的优秀公民。

残疾人是一个特殊的弱势群体，具有经济状况的贫困性、精神情绪的低落性和心理承受能力的脆弱性。其犯罪种类主要是侵犯财产类犯罪和危害公共安全类犯罪，再犯罪率高。对残疾人犯罪这一特殊社会现象，应采取相应措施，做到惩处、教育、预防相结合，减少残疾人犯罪及其危害。残疾人本是弱势群体，对已经犯了罪的残疾人司法机关应当给予从轻或减轻处罚，但仅此是不够的，社会各界应当齐抓共管，采取有效措施，防止这些残疾人再度误入歧途。2005 年的春晚舞台上，21 位聋哑姑娘献给全国人民的舞蹈《千手观音》引起了无数赞叹，这证明无声世界也精彩，证明残疾人完全有能力在社会上自强、自立，全社会都应该更加关心和帮助残疾群体。但是，作为弱势群体，社会还是需要给予他们更多的关爱和帮助，要立足于教育挽救。家庭、单位、居委会、村委会、残联会和基层派出所应当建立帮扶组织，对这些群体进行帮扶。如有的残疾人的父母受文化和经济水平限制，对残疾学生的思想教育、行为监控无能为力，不能及时发现残疾人违法、犯罪的苗头，因此，提高家长的教育管理水平，是预防犯罪的重要一环；再如组建残疾人协会或俱乐部，建立残疾人与社会的沟通协调机制；还要满足残疾人的合群需要，从而消除残疾人的一些不平衡心理，减少犯罪。但同时对残疾人犯罪不能以同情代替法律，放任不管，应当追究刑事责任的必须予以追究，还要在残疾人中宣传典型案例，使残疾人特别是青少年残疾人能认识到犯罪同样要受到法律的制裁，使他们认识到法律的威严。[1]

---

〔1〕 参见钟越："残疾人就业问题研究"，载《浙江社会科学》1994 年第 4 期。

第五章

精神病人犯罪治理研究

精神病人犯罪是一个严重的社会问题，给社会带来相当大的危害，干扰和影响其他社会群体的正常生产生活，其现状令人颇为担忧。本章根据精神病人犯罪的现状、成因，提出有针对性的措施。

一、精神病人犯罪的特点

精神病人犯罪的特点表现为犯罪动机不明或异常，犯罪行为与精神正常犯罪者有显著差别，犯罪集中于暴力型，犯罪后表现异常等方面。

（一）犯罪动机不明或异常

一般情况下，精神正常者无论做任何事情都是受某种动机的驱动或支配，因此精神正常者犯罪往往具有明确的犯罪动机。然而许多精神病人犯罪往往没有犯罪动机或犯罪动机不明，或者犯罪动机异常。在严重意识障碍或精神错乱的状态下实施犯罪往往没有动机或无法查明其动机。实施犯罪行为的过程中往往不能意识到自己的所作所为，实施行为后往往遗忘自己的行为或无法解释自己的行为。

患有知觉障碍或思维障碍的精神病人由于病理原因产生幻觉、妄想、逻辑倒错而犯罪，这种犯罪往往存在明确的犯罪动机，但是由于缺乏现实基础而不能为正常人理解，系属病理动机驱动其实施犯罪。有些精神病人犯罪者，特别是精神发育迟滞的犯罪人群，他们的犯罪动机有可能是现实性的，但是多多少少显得荒谬、可笑。当然所有事情不是绝对的，精神病犯罪人群中也存在具有与精神正常犯罪者相仿的现实犯罪动机的情形，因此在区分精神正常者犯罪与这类犯罪时，关键往往不在于犯罪动机，而在于行为人对行为的控制和行为方式等方面。

（二）犯罪行为与正常犯罪者有显著差别

精神病这一病理原因不仅可以影响甚至决定了精神病人的犯罪动机，而且可能影响其犯罪对象、犯罪行为手段、犯罪场合与犯罪时机的选择。正是由于这一原因，很多精神病人的犯罪行为往往存在冲动性、单独性、公开性的特征。

精神病人犯罪由于精神障碍导致自身控制能力丧失或下降而导致其行为具有强烈的冲动性，具体表现为实施犯罪不分场合、不择手段、不计后果，有些甚至对犯罪对象不加选择。然而精神正常的犯罪者在进行犯罪时往往存在预谋，会根据选定的犯罪对象选择在特定的时机、特定的场合实施犯罪行为；实施犯罪前往往会准备犯罪工具、揣度犯罪手段方式等。精神病人犯罪的场合往往是其精神障碍发作场合或者产生犯罪动机或者偶然发现犯罪对象的场合，而不是事先选择的场合。其往往由于精神障碍没有能力选择或者无心选择犯罪手段，因此犯罪方式多呈现暴力性特点。精神病人在犯罪过程中不会考虑犯罪的社会危害性，对危害后果认识不足或无心考虑，因此往往犯罪后果严重。当然任何事情不是绝对的，有些精神病人如妄想型精神障碍、抑郁症患者、人格障碍者、性变态者等在犯罪时可能比较冷静，对于犯罪场合、犯罪对象以及犯罪手段有一定的选择。

精神病人大多是单独进行犯罪的，这是由于精神病人的犯罪往往是自身精神障碍所致，不是产生于与他人的合谋。精神病人犯罪冲动性特点，决定了精神病人比精神正常者更容易不分场合，在公开场合实施犯罪，并且在犯罪中往往使用容易暴露的手段。这是因为精神病人由于精神上的病理原因不懂得或者不注意或者不清楚甚至没有能力认识到应当如何保护自己，从而在实施犯罪行为时缺乏隐秘性，形同公开。

（三）犯罪后表现异常

精神病人犯罪后在与犯罪相关的问题上的表现，具体来说，指的是精神病人在实施犯罪行为后，自我保护方面的表现以及对于犯罪行为的认识。大多数精神正常的犯罪者在实施犯罪行为后，为逃避刑事法律责任，都会有意识地采取一些自我保护措施，诸如清除现场痕迹、伪造犯罪现场、迅速逃离现场等。但是精神病犯罪者往往缺乏自我保护能力，或者由于病理原因自我保护意识缺失或无法考虑自我保护，因而在实施犯罪后往往不进行自我保护或不能够采取比较有效的自我保护措施。精神病犯罪者由于病理原因，对于犯罪行为缺乏正确的认识，因此在犯罪后产生的认识与精神正常犯罪者也有所差异。犯罪后认识表现分为不知所为型、认罪伏法型、无动于衷型、固执己见型、屡教不改型、顽固不化型等。

二、精神病人犯罪的原因

精神病人犯罪的原因包括"自愿治疗"原则而导致的"该治而不治"问题；《中华人民共和国精神卫生法》（以下简称《精神卫生法》）缺乏配套的实施细则，相关规定简略；犯罪具有随意性，难以及时预防等。

（一）"自愿治疗"原则的规定存在不完善之处

2013年5月实施的《精神卫生法》中的"自愿治疗"原则，是该法最大的亮点，受到了不少业内人士的高度赞扬。但这一原则存在争议，即一方面"自愿治疗"原则尊重和保障了精神病人的住院意愿，但另一方面导致了"治不治疗"的问题。心理治疗费用高，治疗周期长，但大多数精神病患者家庭经济水平低，难以承受高昂的治疗费用，因此大多数精神病患者选择不按"自愿治疗"原则治疗，这些精神病患者成为散落在社会上的"定时炸弹"，给社会治安和人民生命安全带来严重威胁。

（二）《精神卫生法》的相关规定有待于完善

首先，我国虽然颁布了第一部《精神卫生法》，并与《刑事诉讼法》一起，对犯罪后如何处理精神病人有原则性的规定，但对尚未住院治疗的精神病人的控制没有规定，这使得对精神病人暴力犯罪的控制不完全。其次，中国幅员辽阔，各地区实际情况存在差异。《精神卫生法》原则上只对精神病人的管理和控制作出了统一的规定，但各地缺乏专门的规定。因此，各地要因地制宜，制定具体、详细的规章制度。此外，精神病人失去意识或者部分失去意识时，依照《刑法》的规定免除责任，但是《刑法》也规定，精神病人的监护人应当履行看护和治疗的义务；必要时，政府强制医疗。其中"必要时间"是什么时候，没有明确的规定，概念模糊。

（三）政府的重视程度不够，监护人未尽到监管义务

首先，精神疾病的治疗费用高，治疗周期长。大多数精神病人的家庭经济水平较低，难以承受长期高昂的治疗费用。虽然政府每年都会拨付相关资

金和补贴，但真正落实到每个病人身上的可能性较小。其次，大多数精神病患者在事故发生前没有一个正式的专门机构来监督他们。事故发生后，大多数精神病患者都是由家人监护的。政府和社会的调控工作没有得到根本落实。然而，大多数患者家属对精神疾病缺乏正确的认识，很难一直照顾好患者，导致一些家庭将患者锁在家中或让他们在社会上流浪，成为社会不安定因素。

（四）犯罪难以预防，随意性大

龙勃罗梭认为，精神病犯罪者"常常暴怒发作，伤害那些在场的人""几乎不隐匿自己的犯罪行为"。[1]精神病患者缺乏对自身行为的认识和控制能力，没有正常的思维逻辑，因此其犯罪具有突发性和不确定性，且犯罪对象具有任意性，病情易反复，人身危害大；其次，精神病犯罪多为侵犯人身权利的暴力犯罪，犯罪行为多为暴力犯罪。手段是直接和残酷的，受害者往往毫无防备。精神病人暴力犯罪率逐年上升，给人们的生命安全和公共安全带来了极大的威胁，但其具有不确定性的犯罪行为使人们难以提前预防犯罪，受害者不幸遭遇精神病人的突发袭击、维权难等问题层出不穷。如何提前防范精神病人暴力犯罪，已成为控制精神病人暴力犯罪的一大难题。

三、精神病人犯罪的治理对策

（一）政府应加强精神病人犯罪的预防性宣传，加大治疗经费补贴，健全社会保障体系

虽然精神病人数量逐年增加，精神病暴力犯罪案件频发，但社会对精神病和精神病人的认识很少，对此类犯罪的相关法律法规也缺乏科学的认识。贝卡利亚曾说过："预防犯罪胜于惩罚，这是所有优秀立法的主要目的。"因此，政府有关职能部门应加强对精神疾病的宣传，向公众普及相关专业知识，呼吁人们注意自身安全，照顾好这一特殊的社会群体，及时向有关部门报告部分重病、暴力精神病人，避免造成人身伤害。同时，要加强对精神病人监护人的教育，让他们更加关注精神病人的一举一动，切实履行监护职责。有关部门对不履行监护职责、造成精神病人暴力犯罪的监护人，应当追究相应的法律责任。

---

〔1〕［意］切萨雷·龙勃罗梭：《犯罪人论》，黄风译，北京大学出版社 2011 年版，第 16 页。

精神疾病治疗周期长，治疗费用高。大多数家庭难以承受巨额的治疗费用，特别是经济困难家庭或经济发展落后地区。如果不进行彻底的治疗，精神病人将无法消除自身的人身危险，对社会的威胁也不会结束，甚至再次导致悲剧的发生。因此，政府应增加财政补贴或设立精神病防治专项救助基金。另一方面，完善社会保障体系，为精神病人提供长期稳定的治疗环境。

（二）完善相关法律的规定

"无论形势政策在理论上多么完善，如果不能在刑法实践中得到贯彻落实，都将失去其自身的意义"。[1]虽然我国已经颁布了第一部《精神卫生法》，但对其他尚未住院治疗的精神病人的控制缺乏详细的规定，这使得该法预防精神病人暴力犯罪缺乏实践操作性。因此，要优先考虑《精神卫生法》的具体规定，加快制定各地精神卫生的具体实施细则，构建全面、完整的精神卫生法律体系，为控制精神病人犯罪提供明确、可操作的措施。此外，要加强对《刑法》精神病人管理控制的相关规定的细化，如在"必要时，由政府强制医疗"中确定"必要时"的具体界限；明确对不作为监护人的法律追究。

（三）开展帮扶救助行动，全社会应给与精神病人更多关爱

由于精神疾病的特殊性，群众普遍不敢接近精神病人。精神病人的家属也很少关心病人。社会要大力开展爱心帮扶精神病患者行动，推动举办关爱精神病患者公益活动。一方面可以降低精神病治疗成本，另一方面可以使精神病患者感受到社会的关怀和宽容，加快康复进程。

精神病人暴力犯罪的不断发生已成为一个重要的社会问题。目前，我国对此类暴力犯罪的控制研究不断深入，打击和惩治力度不断加大，在全社会取得了良好进展，但预防和消除精神疾病暴力犯罪的任务依然艰巨。今后，我们将继续加强对精神病人暴力犯罪控制的研究，实现政府主导为主、社会救助为辅的治理方针，大力减少犯罪，预防犯罪。

（四）建立与完善被害人补偿制度

被害人补偿制度是保障被害人权益的重要措施，属于政府救济。在精神病人暴力犯罪案件中，大多数精神病人的家庭经济水平较低，被害人很难从犯罪分子那里得到应有的补偿，被害人的利益也很难得到有效的保护。因此，应建立健全被害人补偿制度，减少对被害人的二次伤害，切实维护被害人的权益。

---

〔1〕　卢建平等：《刑事政策与刑法完善》，北京师范大学出版社 2014 年版，第 157 页。

附录一

巴中市未成年人犯罪调查报告

巴中市未成年人犯罪的状况和特征

一、巴中市未成年人犯罪的状况

巴中市未成年人犯罪的数量逐年增加，危害日益严峻。据统计，在 2011 年抓获的各类违法犯罪人员中，25 岁以下的人员占抓获总数的 16%，18 岁以下的人员占抓获总数的 10%。以下案例和数据足以说明问题的严重性：

裴某，生于 1995 年 11 月，汉族，初中文化，巴中市某县人。因犯故意杀人罪，被判处有期徒刑。裴某的父亲是一个木工，常年在外支木，母亲在家陪裴某读书，并在一餐馆打工。2011 年的一天，裴某在自己家发现其母与餐馆老板发生不正当行为后，扬言要将此事告诉其父亲，其母当场下跪，并保证今后不再与此人来往，叫裴某不要告诉其父亲，自己一定改正。裴某信以为真，便将此事隐瞒下来，但事后发现母亲的手机上多次出现这餐馆老板的电话号码，察觉母亲与餐馆老板还有来往，心里很不舒服。10 月中旬的一天中午，裴某又听到母亲与对方通话，对方叫母亲出去，裴某断定对方又是那位餐馆老板，不同意母亲出去。为此，两人发生争执，裴某随即拿来老虎钳，趁母亲埋头穿鞋不注意，朝母亲的头部连击数下，将其击昏后，用电线勒着其母脖子拖到自己的床下，并将其母勒死。事后，裴某为自己冲动感到后悔，心里很不安，于 2011 年 12 月到公安机关自首。

该市未成年人犯罪状况堪忧，在所有刑事犯罪中所占的比例很大，尤其是 2010 年以来，未成年人犯罪数量和占比又呈现出前所未有的高发态势，具体数字如下表所示：

项目		人数		
		2010 年	2011 年	2012 年
批捕	受理	86	92	82
	批捕	56	60	48
	不批捕	8	12	7
起诉	受理	76	90	101
	起诉	87	93	85
	不起诉	1	3	2

从上表可以看出，从 2010 年到 2012 年，共批捕 164 人，起诉 265 人，在全市的刑事案件中占有相当大的比例。这说明该市未成年人犯罪形势严峻。

二、巴中市未成年人犯罪特征

（一）犯罪主体特征（以 2010 年为例）

1. 未成年犯罪人的地域分布特征

全市未成年犯罪人的分布为：巴州区 32 人，占全市未成年犯罪人总数的 28.3%；平昌县 30 人，占全市未成年犯罪人总数的 26.5%；通江县 26 人，占全市未成年犯罪人总数的 23.0%；南江县 25 人，占市未成年犯罪人总数的 22.1%。可见四个区县未成年犯罪人分布较均匀。

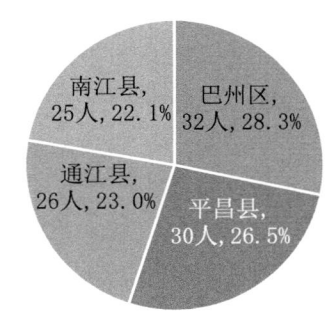

■ 巴州区　■ 平昌县　■ 通江县　■ 南江县

巴中市各县未成年犯罪人人数分布图

从未成年犯罪人的籍贯来看：本市的未成年犯罪人的人数为 92 人，所占的比例为 81.4%；本省外市犯罪人的人数为 15 人，所占比例为 13.3%；外省的人数为 6 人，所占比例为 5.3%。由此可见：犯罪的外地未成年人所占的比重也不可忽视。

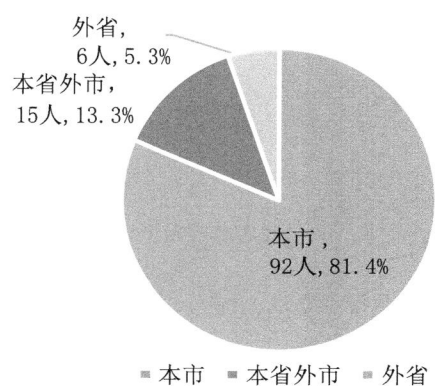

本市与非本市未成年犯罪人人数分布图

2. 文化特征

总体情况来看，文化程度低、素质较差是该市未成年犯罪人的一个特征。据统计，文盲 3 人，约占犯罪总人数的 2.7%；小学文化 12 人，约占犯罪总人数的 10.6%；初中文化 65 人，约占犯罪总人数的 57.5%；高中文化 23 人，约占犯罪总人数的 20.4%；中专文化 10 人，约占犯罪总人数的 8.8%。可见初中文化程度的未成年人是主要的犯罪的主体。

3. 年龄特征

从全市未成年犯罪人的年龄看，该市未成年犯罪人的另一个特征是犯罪低龄化。17 周岁是未成年人犯罪的高发阶段；14~16 周岁犯罪的未成年人人数相对较少；16 周岁的未成年犯罪人的数量介于前两者之间。已满 14 周岁不满 16 周岁的"问题"未成年人违法程度还没有犯罪那么严重，但他们的所作所为令人担忧，对他们进行有效管理是相当必要的。

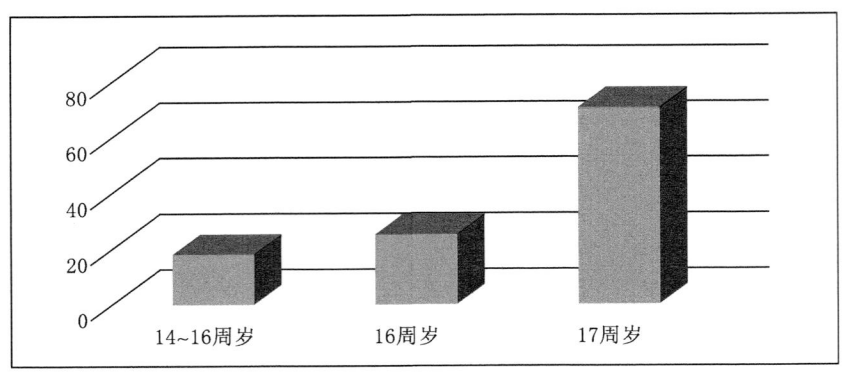

巴中市未成年犯罪人年龄图示

4. 犯罪时间上的突发性和无规律性

该市部分未成年人很容易受外界环境的诱惑，认识片面，遇事不动脑筋。同时，他们很活跃，喜欢刺激，受"绝处逢生"这种观念影响，相当喜欢冒险，在实施犯罪时，仅仅追求一时之快。另外，事先没有特定的动机和目标，一旦有作案的时机，几个人纠集在一起，只要有人提议便不加思考群起结伴作案，故他们作案没有规律性。

（二）犯罪类型特征

从统计的数据来看，2010~2012 年巴中市未成年人犯罪类型中，侵犯财产型犯罪占主要地位，其中又以抢劫、盗窃罪最为突出，盗窃罪共 202 人，抢劫罪共 60 人，聚众斗殴及寻衅滋事罪 46 人，强奸罪 13 人，其他犯罪 36 人。

犯罪类型	人数			比例		
	2010 年	2011 年	2012 年	2010 年	2011 年	2012 年
盗窃	65	70	67	57.5%	59.8%	52.8%
抢劫	17	19	24	15.0%	16.2%	18.9%
聚众斗殴及寻衅滋事	15	17	14	13.2%	14.5%	11.0%
强奸	4	3	6	3.5%	2.7%	4.7%
其他	12	8	16	10.6%	6.8%	12.6%

（三）其他特征

1. 犯罪团伙化所占比例大

团伙犯罪，是巴中市未成年人犯罪中常见的犯罪组织形式。自 2010 年以来，团伙形式的犯罪日显凸出，全市各级公安部门侦破查获未成年人犯罪案件中，约有 60% 是团伙犯罪。这个数字意味着，有半数以上的未成年人犯罪是以集体行动的方式向社会挑战。"一个人胆小如鼠，两个人气壮如牛，三个人胆大包天。"这是一位办案民警说出的带有黑色幽默的顺口溜，苦涩中道出该市未成年人犯罪日趋团伙化的症结。下面这个案例很好说明这一特点：

15 岁的王某系巴中市某县人，初中毕业后一直在家务农，于 2010 年到县城打工，伙同绰号为"烟锅巴"的郑某及其同伙谢某，经密谋分工后，由王某打电话约被害人张某，并与之行至该县城索桥附近，郑某和谢某尾随其后，采用扼颈、殴打、恐吓的手段，抢走张某价值 1273 元的手机一部，随后将手机典当得款 679 元。就在抢劫的第二天，他们即被抓获，其后被刑事拘留。

2. 犯罪手段智能化、成人化

犯罪，是社会发展的伴生物，必然会带有现实社会生活的明显印记。近几年，受到科学技术发展和大众传媒的影响，巴中市一些未成年人利用学到的文化知识和技能，进行智能化犯罪活动。有的利用电脑制造病毒，实施盗窃、诈骗犯罪；有的利用现代化交通工具、电子设备、化学药品作案；有的频频使用从书报影视中学到的反侦察手段，作案时戴上面具、手套、换上大人衣物。可见智能化、成人化也是巴中市未成年人犯罪的特征之一。下面这个案例很好地说明了这一特点：

这桩强奸案发生在巴中市某县。两名十五六岁的少年看了一盘黄色光碟，便连续强奸作案两起，最终落入法网。

7 月 3 日晚 11 点左右，该县某派出所内，某中学一女学生在母亲的陪同下报案：当晚 7 点多钟，一名 15 岁左右的男孩将她诱骗到该中学北门附近的一树林里，将她强奸。女学生的遭遇引起了民警的愤慨，也让他们想起了 3 个月前发生的一起类似案件。那是 4 月 2 日的晚上，该派出所接到县局 110 指令：一女青年在北门附近一树林内被两名男青年绑架。民警迅速出击，至现场后方知这不是一起绑架案，而是一起两名男青年轮奸受害女青年的恶性案件。当时，由于被害人精神受到强烈刺激，无法提供犯罪嫌疑人的主要特征，案件悬而未决。两起案件的事发地点、性质相同，警方果断地决定并案侦查。

民警们根据受害人提供的线索和积累的资料，开始对居住在本辖区的特征相近、适龄人员进行逐个排查，经过两个昼夜的连续奋战，初步认定王某具有重大的犯罪嫌疑。

7月6日凌晨2点，民警将王某传唤到该派出所，王某供述了作案事实，并供出另一嫌疑人李某，事不宜迟，3点多一点，民警们到李某家中将其依法抓获，李某也对作案事实供认不讳。

王某和李某是同村人，年龄相近，初中毕业后便踏入社会，偶然一次机会，两人来至北街一家录像厅看黄色录像，受到录像中那些赤裸、淫秽的肮脏镜头诱惑，心中邪念遂生。4月2日晚，两人采取拳打脚踢等手段将一女青年劫持到不远处一树林内，将其轮奸。7月3日晚，王某恶念陡生，对一名单纯的女学生进行恐吓，而后将其劫持进树林内实施了强奸。

3. 涉及"黄赌毒"违法犯罪日渐增多

首先，在该市未成年人犯罪中，受到淫秽光盘毒害的未成年人占有绝对的比例。这些描写性行为的淫秽物品，容易在未成年人中扩散，很快就会毒害相当一部分未成年人，使他们产生盲目模仿的欲望，到社会上去调戏、猥亵妇女，到不良场所去嫖妓，甚至发展为强奸妇女，滑向犯罪深渊，断送自己的前程。其次，该市还盛行赌博，并且在未成年人中相当流行，这些未成年人没有经济来源，赌博输了，只有去偷去抢，最终走上犯罪的道路。再次，吸毒也是一部分未成年人犯罪的诱因。在吸毒者"你会飘飘欲仙""想什么来什么"的诱惑之下，稍有不慎就落入圈套，一旦吸食毒品很快就会上瘾，形成心理、生理上的依赖性，吸毒量不断增加，由于日益增加的毒资花销，有的开始行骗、赌博、盗窃、抢劫来谋得毒资，有些女孩以卖淫换得毒资，而使他们最终走上犯罪的道路。请看这个案例：

2012年7月24日上午，巴中市某镇一个排水沟里发现了一具男尸，刑警大队很快确认这具尸体系该镇7月18日失踪的某餐厅职工马某，警方很快将涉及此案的外来谋生的未成年人铁某、方某和杨某3名犯罪嫌疑人抓获归案。

铁、方、杨3人均非本地人。3人于2012年3月至6月，经常到马某家以"诈金花"的方式赌博，马某多次将自己赢得的钱又借给他们作底并记账，最终3人共欠马某赌债3万多元，仅铁某一人就欠马某赌债2万元。因为3人都是未成年人，没有能力偿还巨额赌债，他们便开始躲避马某。据铁某说，马某叫他另外的朋友给铁、方两人传话或打电话，催促他们以最快的速度还钱，否则会找他们两人的麻烦。铁、方两人心里极为害怕此事被泄露出去，于是2人便密谋杀掉马某，以彻底抹去赌债。铁某准备了一把西瓜刀，方某在五金市场购买了一把锋利无比的斧头。7月18日晚，铁、方2人以请马某吃饭为由，将马某骗至一个离该镇不远的地方将其杀害，随即将尸体用麻袋装走，并抛至该镇的一个排水沟。

4. 作案动机单纯

这些未成年人作案动机较为单纯，其主要动机就是"找些钱"，被调查者中有70%未成年人犯罪的答案是"没钱花，找些钱"。调查还发现，未成年犯罪人中绝大部分有各种不良嗜好，其中沉迷网络、游戏几乎是所有未成年犯罪人的共同特征。

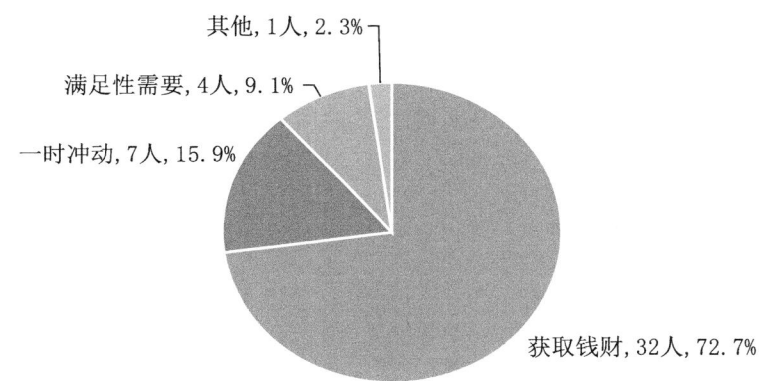

巴中市未成年人犯罪作案动机图示

第二章

未成年人犯罪的原因剖析

　　学界对个体犯罪原因的解释不一致，其中最主要的观点有：①内外因素论。即认为犯罪心理形成的原因可以从外在因素和内在因素两方面去归纳。外在因素主要指主体所处的客观环境及其客观存在，包括与犯罪有关的社会问题、家庭不良环境、学校教育不良因素等。内在因素指主体自身的生理及心理特点，包括特殊的认识机构、不良的个性品质等。[1]②动力因素论。该观点以内外因素论为基础，提出外因是由外界刺激引起的矛盾，内因为心理现象的内在矛盾。它们在发生作用、影响个体犯罪心理形成时，具有一种动力性质。[2]③多因素论。该理论认为在考察犯罪人犯罪心理形成时，要顾及社会因素和主体因素及其关系。包括社会因素和生物因素，先天因素和后天因素，外因和内因，以及它们自身的基础与发展趋势。[3]④综合动因论。该理论认为个体犯罪原因是一个整体系统，这个整体系统是由若干相互联系和相互作用着的主体内外因素所构成的，形成多层次多维度的原因网络结构。[4]

　　综上所述，学界对犯罪原因的探讨非常深入和细致，可以归纳出以下两种观点：

　　其一，个体犯罪的原因是多方面的，影响犯罪形成的因素也是多种多样

---

〔1〕　参见梅传强、王敏：《犯罪心理学》，法律出版社 2007 年版，第 49 页。

〔2〕　参见梅传强、王敏：《犯罪心理学》，法律出版社 2007 年版，第 50 页。

〔3〕　参见梅传强、王敏：《犯罪心理学》，法律出版社 2007 年版，第 51~52 页。

〔4〕　参见梅传强、王敏：《犯罪心理学》，法律出版社 2007 年版，第 53~54 页。

的。这些影响因素可分为外在的诱因和主体内在的动因两部分。外在诱因包括的内容很多，其中有自然因素，例如时间、空间等；也有其他不良因素，例如来自社会、家庭、学校的不良因素等。内在动因包括主体的不良需求、动机、价值观及不良性格等。

其二，犯罪的各种诱因和动因并不是均衡地作用于每个人。换言之，在每个犯罪主体上，不同诱因和动因的作用效果是千差万别的。同种因素可能对有的犯罪人起决定作用，而对另外的犯罪人起次要作用，甚至对有些犯罪人根本没有起到促成作用。

为了更加充分地了解巴中市未成年人犯罪的各种情况，笔者对收集的资料进行总结，分析可知，其犯罪原因如下：

一、家庭原因

家庭是未成年人社会化最初和最主要的场所。社会化是社会规范和文化对个人的内化和影响。社会知识、生活技能、适应社会规范、社会角色承认都是社会化的结果，对于未成年人来说，健康的家庭环境可以帮助他们形成良性的态度和健全的人格，以保障他们健康成长，不良的家庭环境会使他们形成性格缺陷和行为偏差，也往往会导致他们走上犯罪道路。统计回收的问卷可知，该市30%的未成年人犯罪是家庭所致。可见，家庭的负面影响是导致该市未成年人犯罪的一个重要原因。

（一）单亲家庭对未成年人犯罪的影响

2010年，巴中市未成年犯罪人父母离婚的人数为18人，2011年的人数上升到23人。从这些犯罪的孩子的回答中，可以看出，他们的父母离婚后，一部分孩子生活没有着落，不得不走上抢劫、盗窃之路。父母离婚使子女在物质和精神上受到双重打击，离婚影响到家庭的经济收入，孩子的养育和教育不能得到保障。失去完整家庭的痛楚给未成年人内心留下阴影，很容易在情感上表现出异常，从而影响到健全的人格发展。[1]甚至这些孩子的教育全面性也受到冲击，缺乏父爱的孩子通常表现为软弱、不敢承担责任、缺乏刚强之气；缺乏母爱会使孩子出现孤僻、没有安全感、内向、粗暴、残忍等人格上的障碍。这些未成年人由于不健康的心理和不良的习惯，很容易走上犯罪的道路。

---

〔1〕　参见王娟："青少年犯罪的家庭环境因素及其矫正"，载《理论导刊》2007年第8期。

（二）家庭教育方法不当

家庭教育对未成年人健康成长相当重要。家庭教育方法不当是指未成年人所处的家庭中，父母教育孩子的方法互不配合，甚至相反，父母不能根据孩子的个性特征采用正确的方法来教育孩子。不正确的家庭教育完全可能导致未成年人丧失明辨是非的能力，严重的会使孩子走上犯罪的道路。从收集的资料来看，2010 年，巴中市由于家庭教育方法不当造成未成年人犯罪的有 8 人，2012 年有 11 人。家庭教育方法不当最典型的有三种类型：第一种，"放任型"。"放任型"指未成年人的父母对孩子的行为不管教，任凭他为所欲为。主要表现形式有父母对待自己的孩子态度冷漠，父母与自己的孩子之间感情淡薄，从不管教孩子，抱着一种"畸形"心理——"成龙上天，成蛇钻草"；"放任型"的另一种表现形式为父母对自己的孩子进行过教育，但是没有效果，抱着"破罐子破摔"的心态。2012 年，该市由于父母放任导致未成人犯罪的人数占犯罪总人数的 5%。第二种，"溺爱型"。"溺爱型"指孩子在家庭中的地位很高，甚至爬到父母的头上为所欲为，父母视他们为"皇上"，视她们为"掌上明珠"，百般宠爱。这些孩子自认为了不起，具有缺乏责任感、自私、不尊重别人、固执等特点。调查表明，出生于"溺爱型"家庭的未成年人走上犯罪道路的占犯罪总人数的 4%。第三种，"高压型"。"高压型"指家长对孩子过于严厉，无论做什么都要按照自己的意思办，动辄就拳脚上身，方法简单粗暴。家长的这些行为使孩子产生恐惧感，心灵遭受创伤。没有家庭的温暖，他们会离家出走，很容易被坏人引诱犯罪，2010 年由于这种原因走上犯罪的未成年人人数为 9 人，占当年未成年人犯罪总人数的 8%。

（三）父母不良行为的影响

父母不良行为影响有两种类型很突出：第一种，父母教唆或影响自己的孩子犯罪。一些未成年人的父母自私自利，直接在孩子面前小偷小摸，有的怂恿孩子，甚至命令自己的孩子盗窃别人的财物。还有部分父母教授孩子犯罪的方法、灌输淫乱思想、窝藏子女的赃物。第二种，父母无意识地影响。父母在对孩子的言传身教中，教他们追求和享受奢侈的物质生活，从而使孩子在潜移默化中形成不健康的思想意识，从而发生不良行为，为日后犯罪埋下"祸根"。[1]2011 年巴中市未成年人犯罪人数中，由父母教唆自己孩子犯

---

〔1〕 参见林少菊："家庭伦理失范：青少年犯罪的重要原因"，载《伦理学研究》2005 年第 3 期。

罪的人数占 7%，受到父母无意识影响而走上犯罪道路的人数占 4%。

二、学校原因

从与未成年犯罪人谈话得知，巴中市未成年人犯罪另外一个原因是学校因素。学校是未成年人接受教育最主要的场所。未成年人自学龄起，就应当在学校接受长期的教育和培养。然而巴中市部分学校存在这样一些问题：办学宗旨不明确、德育和法治教育流于形式、管理制度不健全等现象影响未成年人犯罪。由学校的原因而导致犯罪的未成年人人数占未成年人犯罪总人数的 18%。

（一）学校办学宗旨不明确，片面追求升学率成为学校教育的中心任务

特别是巴中市一些边远农村学校，这些学校的生源差，其教学行为以追求升学率为宗旨，学校生活单调枯燥，学校无休止的上课、考试，学生放假回家后忙作业，几乎没有时间进行娱乐活动，一天就是为了分数而活，不但感受不到学习生活的乐趣，反而对学习产生厌倦。应试教育不仅使这些学生学习负担加重，甚至连精神压力也超负荷，从而丧失学习兴趣，最终导致他们脱离正常的学习轨道和环境，误入歧途。在追求升学率思想的影响下，学校只注重对优生的培养，对学习差、升学无望的"学困生"采取"只要不惹事就行"的态度，甚至有歧视的态度。这些"学困生"成了应试教育的"弃儿"，是"尖子生"的"陪读"，课堂内外不受重视，于是这些孩子对学校、老师产生强烈的抵触情绪，不得不以逃学、辍学的方式表示抗拒，他们辍学后有的会受不良影响走上犯罪道路。[1]从整体情况来看，该市在 2011 年约有 20%的未成年犯罪人认为自己的学习差，学校歧视他们，他们也认为自己"毫无救药"，最终走上犯罪的道路。

（二）德育和法治教育流于形式

根据未成年犯罪人回答的记录来看，巴中市大多数学校对学生的德育教育仅仅敷衍了事，一些学校为应付上级有关部门检查，学生的思想政治教育工作仅做表面文章。思想政治教育工作应该触及学生的灵魂，一些教师却产生这样的错误认识——认为专业课程是主要课程，思想政治课是副科，可上可不上，因此，由上专业课程替代上思想政治课。有些学校虽设有团支部、

---

〔1〕　参见向红："对未成年人犯罪的学校原因探析"，载《沧桑》2006 年第 1 期。

政教处，但没有发挥应有的作用，很少深入到学生中间开展活动，另外学校还忽略了道德在教育中的作用。就法治教育而言，从问卷反映的情况来看，60%的未成年犯罪人对法律很陌生，甚至连最基本的法律常识都不懂。法治教育是提高全民法律素质的重要途径。对于未成年人来讲，接受法治教育，关系到他们法律素质的培养，关系到他们以后的生活，关系到他们做守法的公民，从而避免走上犯罪的道路。未成年人犯罪与其法治观念淡薄有关，学校教育中应加强法治教育，不仅要引导学生学习一些法律知识、了解一些法律规定，更重要的是让学生懂得遵守法律的重要意义并养成遵纪守法的良好习惯，学会以法律为武器，保护自己的合法权益并与违法犯罪行为作斗争。目前，巴中市许多学校的法治教育有很多不尽人意的地方，具体表现在：其一，法治教育工作在学校开展得还不完善，部分学校没开法治课；其二，学校开设了法治课，但法治课效果不明显。综上所述，该市部分学校的德育和法治教育流于形式，学生没有很好地接受德育和法治教育，法治观念不强，遇到外部刺激，很难约束自己的行为，容易走上犯罪道路。[1]

（三）管理制度不健全

目前该市不少学校管理制度存在问题，有部分学校没有结合自己学校实际情况制定适合自己学校的违纪处罚规章制度，学生犯了错，学校不闻不问，不了了之。有部分学校有相关的配套制度，但没有很好执行，即使执行都是时紧时松，不能保持执行的连续性，给学生留下违纪与不违纪一个样的印象，学生逐渐养成不良习惯，为日后犯罪埋下"隐患"。还有部分学校对待学生打架、逃学、吸烟、赌博等不良行为习惯，不是积极教化，相反更多地是采取歧视的态度，老师和其他学生都疏远他们，给这些学生造成心灵上的伤害，随着时间的推移，他们也认为自己就是问题少年，放弃了美好的追求，走上"越轨"的道路。

三、不良交往

从该市未成年人犯罪案件分析来看，与"问题"未成年人交朋友，或误入歧途坠入犯罪团伙走上犯罪道路的未成年犯罪人人数占全市未成年犯罪人

---

〔1〕 参见周伯政："未成年人犯罪及其综合治理"，载《重庆师院学报（哲学社会科学版）》1993年第3期。

总人数的 25% 左右。可见，与"问题"未成年人交朋友，或误入歧途坠入犯罪团伙走上犯罪道路也是该市未成年人犯罪的一个重要原因。不良朋友之间的怂恿、传染、包庇对犯罪动机的形成起着强化作用，这些未成年人之间的交往，会产生一种情绪感染：一些单独作案的未成年人，事后表现常为惶恐、害怕、动摇不安的状态；如是未成年人团伙作案，他们相互壮胆、没有紧张的心理。另外，他们的交往活动，还会增强他们的安全感，错误地认为多人一起干，分摊的责任就少，这就增强了违法犯罪的动机。其次，对于这些未成年人来讲，不良交往最令人担心的就是导致他们犯罪的机会增多且对社会的危害增大。在这些未成年人群体中，如有一个"问题未成年人"出现，不及时教育，他最终将成为"害群之马"。因为他的言行举止很容易影响到其他人，其影响会导致两种结果：第一种，导致未成年人犯罪的人数的增加；第二种表现为作案情节、手段变得更加复杂和残忍。由此看来，不良交往像瘟疫一样很容易"相互感染"，这些未成年人相互感染后形成犯罪团伙极易导致重大恶性案件发生。数据显示，未成年人所犯的重大恶性案件占重大恶性案件总数比例为 20%。

四、社会不良环境的影响

随着社会的发展，不良文化的泛滥诱使未成年人犯罪。未成年人心智不成熟，其主要的犯罪方式就是模仿，市场上一些书刊、光碟中的色情、暴力场景严重玷污未成年人的思想、毒害他们的灵魂，他们自制力差，对这些色情、暴力场景就会想入非非。少数未成年人，遇事头脑简单，不考虑为什么，不计后果，表现为极强的攻击性和报复性，容易实施暴力犯罪。其中，2011年，巴中市受社会不良影响而导致犯罪的未成年人人数为 16 人，2012 年人数更多，上升为 18 人。另外，导致未成年人犯罪的另一个重要原因就是未成年人沉溺上网。在游戏世界里充斥着刺激、暴力、打斗等内容，给未成年人造成一种假象，就是武力可以解决一切。长期迷恋拼杀、格斗等血腥游戏，使他们形成固定的思维模式，在日常生活中也套用拼杀等手段来解决问题，很容易犯罪。由此，很多未成年人分不清现实与虚拟的区别，往往为了满足自己需要而疯狂地侵犯别人的权益。如某强奸罪犯罪嫌疑人石某，平时最大的爱好就是上网，从网络接触到色情信息后不能自拔，加之平时性压力无处释放，于是把罪恶的黑手伸向了出租房内的单身女性谭某。该市还有很多未成年人像石某一样走上抢劫、盗窃等犯罪道路。

五、留守未成年人犯罪

巴中市留守未成年人占全市未成年人总数的 80%，他们大部分都生活在农村，同自己的爷爷、奶奶生活在一起，接受隔代教育。这些农村留守未成年人不能感受到父母的爱，与爷爷、奶奶又不能很好沟通，时间一长，他们就表现出严重心理问题，比较突出的心理问题有情绪急躁、交往障碍、自信心不强、严重的自卑心理等。这些心理问题如不及时解决，很容易给未成年人造成心理阴影。久而久之，他们表现出极强的破坏性、报复性、冲动性，如不能得到有效的控制和管理，在某种情况下就会失去理智，通过暴力行为、破坏行为、报复行为表现出来。因为未成年人并不知道这些行为在自己的灵魂深处，更不知道如何处理这些阴影，往往在不经意间就走上犯罪道路。

六、对性教育不够重视

巴中市地处偏远山区，人们的思想还很保守，一提到性觉得很羞耻，不少未成年人始终对性教育处于一片茫然状态，14~16 周岁的未成年人虽然在体态和情感发生了极大的变化，但仍处于青春期的过渡阶段，性意识还很朦胧，不完全成熟的性机能，以及不能控制对性的渴望。好奇、模仿、强烈的性渴望使一些未成年人走上犯罪道路，致使强奸案件增多。如某案犯罪嫌疑人王某犯罪时才满 17 周岁，但是由于其文化程度不高，在社会上各种不良诱惑下，小小年纪就有过嫖娼经历，加之经常上网，在网络色情信息诱惑下，为追求刺激伙同他人对被害人张某实施轮奸。近年来该市未成年人强奸、轮奸案件增多的情况，应当引起警觉。

七、缺乏正确的价值观

当前我国正处于社会转型期，经济保持中高速增长，人们的整个生活水平迅速提高。市场经济的各种负面影响也随即表现出来，如社会各行各业充满激烈的竞争，贫富差距悬殊过大等问题。一些未成年人看到别人生活富裕起来，心理不平衡，自身又缺乏勤劳致富的奋斗精神，加上自控能力差，当个人愿望得不到满足时就去实施盗窃、抢劫等犯罪，从而达到自己的享受目的。2010 年全市未成年人由于这种原因而犯罪的有 10 人。如某案犯罪嫌疑人张某、吴某来到该市后，不想着凭自己的辛勤劳动致富，而是一味贪图享受，好逸恶劳，先后在甲镇、乙镇等地居民家中盗窃财物。未成年人犯罪之所以以侵犯财产性犯罪为多数，正反映出很多未成年人缺乏正确的价值观。

综上所述，巴中市未成年人犯罪原因是多方面的，主要原因有：家庭原因、学校原因、不良交往、社会不良环境的影响、留守未成年人缺乏有效监管、对性教育不够重视、缺乏正确的价值观等，此外，这些未成年人不择手段地想发财的意识和不成熟的心理很容易被诱惑也是他们犯罪的原因。上述原因的存在使该市未成年人犯罪形势日趋严重。

第三章

未成年人犯罪的预防措施

犯罪预防指综合运用社会多种力量，采取各种措施，限制、消除产生犯罪的原因、条件，以防止、控制和减少社会犯罪及重新犯罪的举措体系，其类型包括犯罪治安预防和刑罚预防、犯罪社会和心理预防等预防措施。犯罪行为的产生是多种原因综合作用的结果。巴中市未成年人犯罪行为的产生同样是由于多种原因的综合作用。巴中市未成年人犯罪的预防和控制是一个复杂的工程，需要各方面的共同努力（主要是家庭、学校等）。为了实现这个目的，相关预防措施包括：

一、家庭预防

对预防巴中市未成年人犯罪来说，从家庭、学校、社会等方面进行预防是必要的。其中家庭具有的优势包括：第一，针对性。常言道"知子莫如父，知女莫如母"，父母与孩子生活在一起，知道自己孩子的脾气、性格、能力，甚至他们的内心世界。父母对自己孩子的教育能够有的放矢，排除盲目性，教育会更有效果。第二，长期性。未成年人生活的主要场所就是自己的家庭，他们生活中至少有 3/5 的时间都在家里度过，同自己的父母生活在一起，父母有很多时间规范他们的行为和思想，对他们进行有效的教育和管理。第三，灵活性。父母可以通过每句话、每个行为举止、每件事、每一次思考，甚至眼神来教育孩子，教他们做人的道理、向他们灌输法治思想和道德观念，提高他们明辨是非的能力。家庭预防没有很系统的程序和固定的方式，具有灵活性。

（一）建立和谐美满的家庭

从巴中市犯罪未成年人的家庭构成来看，有很多未成年犯罪人的家庭属于单亲家庭。建立和谐美满的家庭对于减少该市未成年人犯罪具有重要作用，对未成年人健康成长至关重要。对于一个家庭来说，夫妻应处理好矛盾，加强沟通和减少误会，加强双方的情感交流，促进彼此之间的信任，尽量消除夫妻间的隔阂。对家庭负责，防止社会上的不良影响侵入家庭，抵制婚外恋、婚外情，改变自身的婚姻、伦理道德、家庭观念，在家庭内外坚持男女平等的原则，摒弃"男尊女卑"的观念，防止破裂家庭和关系紧张的家庭出现，给孩子健康成长营造一个良好的氛围。

（二）提高家长的教育素质

巴中市处于四川省的东北部，地理位置较为偏远，有很多家长缺乏教育孩子应有的教育素质。为了避免这些家长不当的教育方法和不良行为的影响，必须提高家长的教育素质。其具体措施包括：第一，开办家长培训学校或讲座，轮流培训家长。利用现有的资源，开办家长培训学校或者讲座，有针对性、有计划、全面系统地对部分未成年人的父母进行培训，向家长传授现代教育观念和教育方法，提高他们教育自己孩子的能力，以便充分发挥家庭教育优势，使未成年人健康成长。第二，关注家长的心理健康情况。巴中市的各级有关部门定期对家长心理健康进行跟踪调查，并做记载，该市的各级政府、学校、社会应对那些遭受家庭不幸或有过痛苦经历的家长进行帮助，消除他们的心理障碍，恢复其正常和健康的心理。第三，对家长进行法治化管理。家长对未成年人的教育约束行为手段应多样化，仅靠道德约束是远远不能满足现实的需要的。必须对该市那些忽视未成年人教育的家长给予法律的威慑，才可以在一定范围内解决家长对未成年人教育忽视的问题。[1]

（三）给家长提供必要的帮助

从与部分未成年人的谈话中发现，巴中市许多家长对孩子的教育束手无策，所以给这些家长提供帮助是相当必要的。第一，完善社会保障体系。政府和社会组织应该通过对经济困难的家庭发放救济款，为无业的家长提供更多的就业机会等途径进行帮助，以便他们更好地教育孩子。第二，帮助协调家长与子女的关系。家长的教育方法不妥当，家长与孩子之间的沟通较少，

---

〔1〕　参见何剑："未成年罪犯的家庭环境研究"，载《青少年犯罪问题》2000 年第 2 期。

关系弱化，这很可能导致孩子犯罪，该市相关的单位和个人应该帮助协调疏通家长和孩子之间的关系。第三，帮助父母掌握孩子的动向和想法。未成年人很脆弱，需要成年人的保护，随着年龄的增长，这些未成年人也有自己的想法和主见，自己的一切不可能都由父母去操办，帮助父母去了解孩子新动向和新想法，让父母做到心里有底。第四，帮助父母和子女换位思考。帮助父母把自己的教育孩子之法用在关键之处，不能随时、随地都在教育孩子，在有些场合要尊重孩子，不能老说自己的孩子无用，不如别人的孩子。孩子也要尊重自己的父母，互相换位思考。

二、学校预防

对于巴中市未成年人犯罪预防来说，学校预防是一个重要的预防途径。学校能为未成年人健康成长提供一个良好的环境，且学校预防具有系统性、全面性的特点，其他的预防措施不能与之相比，学校应当充分发挥预防未成年人犯罪的作用。

（一）改变以升学为宗旨的应试教育模式

巴中市很多农村学校生源不好，这些学校为了追求升学率，不得不推崇应试教育模式。未成年人犯罪与应试教育模式有很大的关系。从应试教育向素质教育转变是预防和减少该市未成年人犯罪有效途径。第一，改革中小学现有的教育模式。改变中小学生是"学习和考试的机器"的状态，还学生一个自由的空间，让他们的压力彻底得到释放，从而减少未成年人犯罪。第二，改变该市中小学教学大纲，摒弃仅以分数标准来衡量学生的好坏的错误理念，在该市中小学加强道德教育、法治教育、健康教育，教会学生做事、做人的正确方法，这样促使他们成为守法的公民，从而减少该市未成年人犯罪的数量。

（二）让未成年人在轻松的环境中成长

从与巴中市未成年人谈话中得知，该市很多学校只看分数、只追求升学人数，不考虑学生实际情况，这导致很大部分学生厌学、逃课，最后辍学，这与学生的压力过大有密切联系。所以让该市未成年人在轻松环境中学习和生活，这对他们健康成长相当重要。学习压力大是该市未成年人厌学的直接原因所在。对学困生来说，其厌学的原因不仅是学习的压力，更重要的是同学间的歧视和排斥、老师的责骂甚至对其人格的否定。这些学生得不到老师的赞许和同学的肯定，他们无力改变这种境况。随着时间的推移，这些孩子将退学作为无奈的选择，最终走上犯罪的道路。对于学校来说，应改变对学生的陈旧评价标准，俗话说"三百六十行，行行出状元"，应对每个学生采取不同的评价标准，多发掘其闪光点，多给他们信心和自由，让他们在快乐的环境中成长。

（三）加强全市未成年人的法治教育

巴中市各级学校应重视学生的法治教育，法治教育对于预防和减少未成年人犯罪具有重要的作用。具体措施包括：第一，全市各级学校根据不同阶段安排教学内容。小学低年级法治课的主要任务是对未成年人法治观念的启蒙教育，内容以思想品德课为主。小学高年级法治课可以适当增加内容，主要应以社会常识为主进行教育。到了中学阶段法治教育的内容应涉及法律知识，应以《治安管理处罚法》为主，适当增添《刑法》的内容。到了高中阶段，学校应该开专门的法治课，以小学、初中阶段学习的内容为基础，再适当涉及其他法律内容，让这些未成年人对我们国家的整个法律体系有所了解和掌握，知道哪些行为合法哪些行为违法，为处身社会做一名守法的公民做好必要的准备。第二，在全市的学校中应坚持"集中和分散相结合"的原则。所谓的"集中"是指法治教育应是相对统一的一门专业课程，有统一的教学大纲，统一的教材和教学计划，通过循序渐进的教育，培养学生的法律意识。"分散"指法治教育不仅仅强调课堂的正规性和严肃性，更要注重课堂教学与课外教学的关系，把法律制度以图画的形式上墙，以便学生充分理解和把握。另外充分利用第二课堂和社会实践活动，对学生进行生动、直观的法治教育。第三，该市相关部门应当对全市学校法治教育建立有效的评估体系。通常我们所说，教育评价是衡量教学水平的重要手段，对中小学法治教育也应建立完善科学的评价体系和标准，并形成有力的保障。

（四）健全部分学校的管理制度

学校管理学生的方法很多，最有效的方法就是完善学校规章制度，按照学校规定对学生进行教育和约束，用铁的纪律来指导其学生的行动，用正确的思想和理论来规范学生的行为。开展有益身心的活动，陶冶学生的情操，用一定的标准来衡量学生的言行和举止。让他们知道，如不按照学校的规章制度行事，就是一种违纪表现，并严厉禁止他们为所欲为。再者学校应该根据自己学校的实际情况，制定适合自己学校的纪律。让各项规章制度执行到位，强烈要求学生遵守，时常召开以"爱校、爱师、严谨、自律、笃行"为主题的校会或班会，加强对学生的养成教育，让他们在思想意识中产生警觉，这样良好的校风可以形成，未成年人犯罪的数量有可能减少。[1]

三、预防未成年人不良交往

巴中市部分未成年人犯罪是不良交往导致的。预防未成年人不良交往是该市预防和减少未成年人犯罪的一个措施。未成年人必须学会正常交往。因为交往是社会发展的需要，交往是心理健康的基础，交往是人的智力发展的重要渠道，交往是塑造健康人格的必要条件。社会应提倡未成年人正常交往，预防他们有不良的交往习惯，减少其犯罪。其途径有：第一种，思想诱导。发现该市未成年人有不良交往应该采取思想诱导的办法，老师或家长应与他们进行平等的推心置腹的交谈，帮助他们认识交朋友的意义，理解什么是真正的友情。老师和家长也可以用"过来人"的身份，向这些未成年人讲清楚纯洁的友情对每个人的生活、学习是有益的，但那种盲目的"哥们义气"是有害的。其次应教育未成年人要在交友中讲原则，不做违法乱纪和伤风败俗的事，遇事要有主见。如果发现对方品行不端，则应该终止这种友谊。第二种，耐心说服。如果发现未成年人同不三不四的人有不良交往，老师或家长应根据该未成年人的身心特点采取耐心说服的方法，同时可适当作些限制和干涉，必要时可采取强制的方法，让违法犯罪的念头消失在萌芽状态，从而客观上使他们减少不良交往的机会。从实际工作来看，简单粗暴地强制未成年人立即与"坏孩子断交"一般效果不好。首先，不提倡强制的做法，因为强制的做法本身效果不太理想，老师或家长不可能一天到晚跟在这些未成年人后面。其次，如不采取耐心说服的方法，简单粗暴地采用强制做法，很容易激起未成年人的逆反心理，有的未成年人甚至夜不归校，还有的索性离校出走。第三种，适当限制。有条件的家庭可以考虑陪读的方式，如巴中市第二中学的一名学生，他的母亲（退休在家无事）陪他上学，严格监督该生的一举一动，随着时间的推移，该生从根本上杜绝与思想不稳定的学生交流，最后学习成绩也大大提高，基本消除不良习惯。第四种，帮助教育。教师应

---

〔1〕 参见于富建："创设犯罪预警机制构建学校预防体系——北京市西城区检察院试发《学校犯罪预警通知书》"，载《青少年犯罪研究》2006 年第 1 期。

该因材施教，采用适当的方法对有不良交往的未成年人进行教育，同时在适当的时间、适当的场合安排班级干部主动和其交往，并对未成年人提供有益的帮助，当他们感觉到关爱和关心之时，他们可能主动"回头"。老师在帮助未成年人与不良交往断绝关系时，应该耐心，态度和蔼，不应带有任何偏见和歧视。

四、净化社会环境，丰富未成年人文化生活

该市许多未成年人受网络、暴力、黄色文化等感染，走上犯罪道路。巴中市各级相关部门应出台相应的措施来惩罚这些不良习气，还应派专人在一定的时间内严格检查未成年人经常出入的游戏室、录像厅等活动场所的情况，尽量采取有效措施，严格限制未成年人出入这些场所。除了限制未成年人进入这些场所外，还应加大对这些不规范的场所的打击力度。随着社会的发展，现代未成年人很容易感染社会上的不良文化，其他健康文化的影响力逐渐降低，未成年人拥有闲暇的时间越来越多，容易被不良文化感染的机会增多，他们犯罪的危险性随之增大。在现有的条件下，巴中市各级政府应该着力开展各种有益的活动，给他们提供丰富多彩的文化、娱乐、体育活动及其他社会活动，为其完成正常的社会化过程创造合适的条件。再者应根据未成年人的爱好和兴趣，帮助和引导未成年人建立兴趣小组、俱乐部等，开展内容丰富、形式多样的业余文体活动，在未成年人群体中营造互相帮助、互相学习、互相交流、共同进步的良好氛围。

五、关爱留守未成年人

巴中市留守未成年人占全市未成年人总数的80%。关爱留守未成年人对于减少和预防全市未成年人犯罪具有积极的意义。第一，关爱留守未成年人就应该欣赏他们。渴望被他人赏识、发现自己的才能是我们每个人最基本的需求。而对于未成年人来说，被人赏识的需要比成年人更大。每个人都欣赏表现好、成绩好、听话的未成年人，这是人之常情。但如何对待留守未成年人便成了经常都会遇到的问题。要真正解决这些问题，应该关心他们，使他们感到温暖。另外，要信任他们和鼓励他们战胜困难，帮助他们克服自身的弱点，树立自信。感动是最好的动力，这些留守未成年人一旦心存感激，就会不断地努力完善自己。第二，关爱就要加强与留守未成年人沟通。现在的

未成年人个性和主体意识越来越强。随着年龄的增长，他们的成长烦恼会相伴而来。另外由于竞争越来越强烈、学习负担日趋沉重，更重要的是留守未成年人没有得到很好的沟通，他们会出现严重的心理问题。要从本质上解决这些问题，最妥善的办法是要知道他们真正的想法和认识。与留守未成年人沟通的方式多种，最直接的办法就是走进他们的心灵，与他们最真诚的交流，了解他们最需要什么，最想做什么，最憎恨的是什么。不能搬用成人的道德标准去衡量他们、要求他们、限制他们。经常与这些留守未成年人交流，走进他们的生活，走进他们的心灵，了解他们的动向，掌握他们内心的真实想法，与他们交换意见，让这些留守未成年人从心底感觉到他们没有被抛弃，有人在关爱自己。不言而明，教育的效果自然会显露出来。只要我们用心去关爱留守未成年人、尊重他们、理解他们、信任他们，那么这些留守未成年人将会更好地茁壮成长。

六、要重视开展性教育

当前巴中市未成年人性犯罪增多等问题正是因缺乏性知识教育造成的。根据有关资料统计，随着巴中市经济的不断发展，人们的生活水平不断提高，对性教育的需求也体现得越来越明显，从全市的情况来看，儿童发育比过去要早1至3岁。因此，性教育对于全市未成年人来说迫在眉睫，各级有关部门及社会各界都应重视这个问题，对未成年人的性教育已经关系到他们健康的成长。全市各级学校更应发挥资源优势，担当起性教育的重任，努力减少性犯罪，使未成年人专心学习，健康成长。

附录二

相关法律法规

中华人民共和国未成年人保护法

（1991 年 9 月 4 日第七届全国人民代表大会常务委员会第二十一次会议通过 1991 年 9 月 4 日中华人民共和国主席令第 50 号公布 2006 年 12 月 29 日第十届全国人民代表大会常务委员会第二十五次会议修订通过 2006 年 12 月 29 日中华人民共和国主席令第 60 号公布 根据 2012 年 10 月 26 日第十一届全国人民代表大会常务委员会第二十九次会议通过、2012 年 10 月 26 日中华人民共和国主席令第 65 号公布、自 2013 年 1 月 1 日起施行的《全国人民代表大会常务委员会关于修改〈中华人民共和国未成年人保护法〉的决定》第 2 次修正）

目 录

第一章 总 则

第一条 为了保护未成年人的身心健康，保障未成年人的合法权益，促进未成年人在品德、智力、体质等方面全面发展，培养有理想、有道德、有文化、有纪律的社会主义建设者和接班人，根据宪法，制定本法。

第二条 本法所称未成年人是指未满十八周岁的公民。

第三条 未成年人享有生存权、发展权、受保护权、参与权等权利，国家根据未成年人身心发展特点给予特殊、优先保护，保障未成年人的合法权益不受侵犯。

未成年人享有受教育权，国家、社会、学校和家庭尊重和保障未成年人的受教育权。

未成年人不分性别、民族、种族、家庭财产状况、宗教信仰等，依法平等地享有权利。

第四条 国家、社会、学校和家庭对未成年人进行理想教育、道德教育、文化教育、纪律和法治教育，进行爱国主义、集体主义和社会主义的教育，提倡爱祖国、爱人民、爱劳动、爱科学、爱社会主义的公德，反对资本主义的、封建主义的和其他的腐朽思想的侵蚀。

第五条 保护未成年人的工作，应当遵循下列原则：

（一）尊重未成年人的人格尊严；

（二）适应未成年人身心发展的规律和特点；

（三）教育与保护相结合。

第六条 保护未成年人，是国家机关、武装力量、政党、社会团体、企业事业组织、城乡基层群众性自治组织、未成年人的监护人和其他成年公民的共同责任。

对侵犯未成年人合法权益的行为，任何组织和个人都有权予以劝阻、制止或者向有关部门提出检举或者控告。

国家、社会、学校和家庭应当教育和帮助未成年人维护自己的合法权益，增强自我保护的意识和能力，增强社会责任感。

第七条 中央和地方各级国家机关应当在各自的职责范围内做好未成年人保护工作。

国务院和地方各级人民政府领导有关部门做好未成年人保护工作；将未成年人保护工作纳入国民经济和社会发展规划以及年度计划，相关经费纳入本级政府预算。

国务院和省、自治区、直辖市人民政府采取组织措施，协调有关部门做好未成年人保护工作。具体机构由国务院和省、自治区、直辖市人民政府规定。

第八条 共产主义青年团、妇女联合会、工会、青年联合会、学生联合会、少年先锋队以及其他有关社会团体，协助各级人民政府做好未成年人保护工作，维护未成年人的合法权益。

第九条 各级人民政府和有关部门对保护未成年人有显著成绩的组织和个人，给予表彰和奖励。

第二章　家庭保护

第十条 父母或者其他监护人应当创造良好、和睦的家庭环境，依法履行对未成年人的监护职责和抚养义务。

禁止对未成年人实施家庭暴力，禁止虐待、遗弃未成年人，禁止溺婴和其他残害婴儿的行为，不得歧视女性未成年人或者有残疾的未成年人。

第十一条 父母或者其他监护人应当关注未成年人的生理、心理状况和行为习惯，以健康的思想、良好的品行和适当的方法教育和影响未成年人，引导未成年人进行有益身心健康的活动，预防和制止未成年人吸烟、酗酒、流浪、沉迷网络以及赌博、吸毒、卖淫等行为。

第十二条 父母或者其他监护人应当学习家庭教育知识，正确履行监护职责，抚养教育未成年人。

有关国家机关和社会组织应当为未成年人的父母或者其他监护人提供家庭教育指导。

第十三条 父母或者其他监护人应当尊重未成年人受教育的权利，必须使适龄未成年人依法入学接受并完成义务教育，不得使接受义务教育的未成年人辍学。

第十四条 父母或者其他监护人应当根据未成年人的年龄和智力发展状况，在作出与未成年人权益有关的决定时告知其本人，并听取他们的意见。

第十五条 父母或者其他监护人不得允许或者迫使未成年人结婚，不得为未成年人订立婚约。

第十六条 父母因外出务工或者其他原因不能履行对未成年人监护职责的，应当委托有监护能力的其他成年人代为监护。

第三章　学校保护

第十七条　学校应当全面贯彻国家的教育方针，实施素质教育，提高教育质量，注重培养未成年学生独立思考能力、创新能力和实践能力，促进未成年学生全面发展。

第十八条　学校应当尊重未成年学生受教育的权利，关心、爱护学生，对品行有缺点、学习有困难的学生，应当耐心教育、帮助，不得歧视，不得违反法律和国家规定开除未成年学生。

第十九条　学校应当根据未成年学生身心发展的特点，对他们进行社会生活指导、心理健康辅导和青春期教育。

第二十条　学校应当与未成年学生的父母或者其他监护人互相配合，保证未成年学生的睡眠、娱乐和体育锻炼时间，不得加重其学习负担。

第二十一条　学校、幼儿园、托儿所的教职员工应当尊重未成年人的人格尊严，不得对未成年人实施体罚、变相体罚或者其他侮辱人格尊严的行为。

第二十二条　学校、幼儿园、托儿所应当建立安全制度，加强对未成年人的安全教育，采取措施保障未成年人的人身安全。

学校、幼儿园、托儿所不得在危及未成年人人身安全、健康的校舍和其他设施、场所中进行教育教学活动。

学校、幼儿园安排未成年人参加集会、文化娱乐、社会实践等集体活动，应当有利于未成年人的健康成长，防止发生人身安全事故。

第二十三条　教育行政等部门和学校、幼儿园、托儿所应当根据需要，制定应对各种灾害、传染性疾病、食物中毒、意外伤害等突发事件的预案，配备相应设施并进行必要的演练，增强未成年人的自我保护意识和能力。

第二十四条　学校对未成年学生在校内或者本校组织的校外活动中发生人身伤害事故的，应当及时救护，妥善处理，并及时向有关主管部门报告。

第二十五条　对于在学校接受教育的有严重不良行为的未成年学生，学校和父母或者其他监护人应当互相配合加以管教；无力管教或者管教无效的，可以按照有关规定将其送专门学校继续接受教育。

依法设置专门学校的地方人民政府应当保障专门学校的办学条件，教育行政部门应当加强对专门学校的管理和指导，有关部门应当给予协助和配合。

专门学校应当对在校就读的未成年学生进行思想教育、文化教育、纪律和法治教育、劳动技术教育和职业教育。

专门学校的教职员工应当关心、爱护、尊重学生，不得歧视、厌弃。

第二十六条 幼儿园应当做好保育、教育工作，促进幼儿在体质、智力、品德等方面和谐发展。

第四章　社会保护

第二十七条 全社会应当树立尊重、保护、教育未成年人的良好风尚，关心、爱护未成年人。

国家鼓励社会团体、企业事业组织以及其他组织和个人，开展多种形式的有利于未成年人健康成长的社会活动。

第二十八条 各级人民政府应当保障未成年人受教育的权利，并采取措施保障家庭经济困难的、残疾的和流动人口中的未成年人等接受义务教育。

第二十九条 各级人民政府应当建立和改善适合未成年人文化生活需要的活动场所和设施，鼓励社会力量兴办适合未成年人的活动场所，并加强管理。

第三十条 爱国主义教育基地、图书馆、青少年宫、儿童活动中心应当对未成年人免费开放；博物馆、纪念馆、科技馆、展览馆、美术馆、文化馆以及影剧院、体育场馆、动物园、公园等场所，应当按照有关规定对未成年人免费或者优惠开放。

第三十一条 县级以上人民政府及其教育行政部门应当采取措施，鼓励和支持中小学校在节假日期间将文化体育设施对未成年人免费或者优惠开放。

社区中的公益性互联网上网服务设施，应当对未成年人免费或者优惠开放，为未成年人提供安全、健康的上网服务。

第三十二条 国家鼓励新闻、出版、信息产业、广播、电影、电视、文艺等单位和作家、艺术家、科学家以及其他公民，创作或者提供有利于未成年人健康成长的作品。出版、制作和传播专门以未成年人为对象的内容健康的图书、报刊、音像制品、电子出版物以及网络信息等，国家给予扶持。

国家鼓励科研机构和科技团体对未成年人开展科学知识普及活动。

第三十三条 国家采取措施，预防未成年人沉迷网络。

国家鼓励研究开发有利于未成年人健康成长的网络产品，推广用于阻止未成年人沉迷网络的新技术。

第三十四条　禁止任何组织、个人制作或者向未成年人出售、出租或者以其他方式传播淫秽、暴力、凶杀、恐怖、赌博等毒害未成年人的图书、报刊、音像制品、电子出版物以及网络信息等。

第三十五条　生产、销售用于未成年人的食品、药品、玩具、用具和游乐设施等，应当符合国家标准或者行业标准，不得有害于未成年人的安全和健康；需要标明注意事项的，应当在显著位置标明。

第三十六条　中小学校园周边不得设置营业性歌舞娱乐场所、互联网上网服务营业场所等不适宜未成年人活动的场所。

营业性歌舞娱乐场所、互联网上网服务营业场所等不适宜未成年人活动的场所，不得允许未成年人进入，经营者应当在显著位置设置未成年人禁入标志；对难以判明是否已成年的，应当要求其出示身份证件。

第三十七条　禁止向未成年人出售烟酒，经营者应当在显著位置设置不向未成年人出售烟酒的标志；对难以判明是否已成年的，应当要求其出示身份证件。

任何人不得在中小学校、幼儿园、托儿所的教室、寝室、活动室和其他未成年人集中活动的场所吸烟、饮酒。

第三十八条　任何组织或者个人不得招用未满十六周岁的未成年人，国家另有规定的除外。

任何组织或者个人按照国家有关规定招用已满十六周岁未满十八周岁的未成年人的，应当执行国家在工种、劳动时间、劳动强度和保护措施等方面的规定，不得安排其从事过重、有毒、有害等危害未成年人身心健康的劳动或者危险作业。

第三十九条　任何组织或者个人不得披露未成年人的个人隐私。

对未成年人的信件、日记、电子邮件，任何组织或者个人不得隐匿、毁弃；除因追查犯罪的需要，由公安机关或者人民检察院依法进行检查，或者对无行为能力的未成年人的信件、日记、电子邮件由其父母或者其他监护人代为开拆、查阅外，任何组织或者个人不得开拆、查阅。

第四十条　学校、幼儿园、托儿所和公共场所发生突发事件时，应当优先救护未成年人。

第四十一条　禁止拐卖、绑架、虐待未成年人，禁止对未成年人实施性侵害。

禁止胁迫、诱骗、利用未成年人乞讨或者组织未成年人进行有害其身心健康的表演等活动。

第四十二条 公安机关应当采取有力措施，依法维护校园周边的治安和交通秩序，预防和制止侵害未成年人合法权益的违法犯罪行为。

任何组织或者个人不得扰乱教学秩序，不得侵占、破坏学校、幼儿园、托儿所的场地、房屋和设施。

第四十三条 县级以上人民政府及其民政部门应当根据需要设立救助场所，对流浪乞讨等生活无着未成年人实施救助，承担临时监护责任；公安部门或者其他有关部门应当护送流浪乞讨或者离家出走的未成年人到救助场所，由救助场所予以救助和妥善照顾，并及时通知其父母或者其他监护人领回。

对孤儿、无法查明其父母或者其他监护人的以及其他生活无着的未成年人，由民政部门设立的儿童福利机构收留抚养。

未成年人救助机构、儿童福利机构及其工作人员应当依法履行职责，不得虐待、歧视未成年人；不得在办理收留抚养工作中牟取利益。

第四十四条 卫生部门和学校应当对未成年人进行卫生保健和营养指导，提供必要的卫生保健条件，做好疾病预防工作。

卫生部门应当做好对儿童的预防接种工作，国家免疫规划项目的预防接种实行免费；积极防治儿童常见病、多发病，加强对传染病防治工作的监督管理，加强对幼儿园、托儿所卫生保健的业务指导和监督检查。

第四十五条 地方各级人民政府应当积极发展托幼事业，办好托儿所、幼儿园，支持社会组织和个人依法兴办哺乳室、托儿所、幼儿园。

各级人民政府和有关部门应当采取多种形式，培养和训练幼儿园、托儿所的保教人员，提高其职业道德素质和业务能力。

第四十六条 国家依法保护未成年人的智力成果和荣誉权不受侵犯。

第四十七条 未成年人已经完成规定年限的义务教育不再升学的，政府有关部门和社会团体、企业事业组织应当根据实际情况，对他们进行职业教育，为他们创造劳动就业条件。

第四十八条 居民委员会、村民委员会应当协助有关部门教育和挽救违法犯罪的未成年人，预防和制止侵害未成年人合法权益的违法犯罪行为。

第四十九条 未成年人的合法权益受到侵害的，被侵害人及其监护人或者其他组织和个人有权向有关部门投诉，有关部门应当依法及时处理。

第五章　司法保护

第五十条　公安机关、人民检察院、人民法院以及司法行政部门，应当依法履行职责，在司法活动中保护未成年人的合法权益。

第五十一条　未成年人的合法权益受到侵害，依法向人民法院提起诉讼的，人民法院应当依法及时审理，并适应未成年人生理、心理特点和健康成长的需要，保障未成年人的合法权益。

在司法活动中对需要法律援助或者司法救助的未成年人，法律援助机构或者人民法院应当给予帮助，依法为其提供法律援助或者司法救助。

第五十二条　人民法院审理继承案件，应当依法保护未成年人的继承权和受遗赠权。

人民法院审理离婚案件，涉及未成年子女抚养问题的，应当听取有表达意愿能力的未成年子女的意见，根据保障子女权益的原则和双方具体情况依法处理。

第五十三条　父母或者其他监护人不履行监护职责或者侵害被监护的未成年人的合法权益，经教育不改的，人民法院可以根据有关人员或者有关单位的申请，撤销其监护人的资格，依法另行指定监护人。被撤销监护资格的父母应当依法继续负担抚养费用。

第五十四条　对违法犯罪的未成年人，实行教育、感化、挽救的方针，坚持教育为主、惩罚为辅的原则。

对违法犯罪的未成年人，应当依法从轻、减轻或者免除处罚。

第五十五条　公安机关、人民检察院、人民法院办理未成年人犯罪案件和涉及未成年人权益保护案件，应当照顾未成年人身心发展特点，尊重他们的人格尊严，保障他们的合法权益，并根据需要设立专门机构或者指定专人办理。

第五十六条　讯问、审判未成年犯罪嫌疑人、被告人，询问未成年证人、被害人，应当依照刑事诉讼法的规定通知其法定代理人或者其他人员到场。

公安机关、人民检察院、人民法院办理未成年人遭受性侵害的刑事案件，应当保护被害人的名誉。

第五十七条　对羁押、服刑的未成年人，应当与成年人分别关押。

羁押、服刑的未成年人没有完成义务教育的，应当对其进行义务教育。

解除羁押、服刑期满的未成年人的复学、升学、就业不受歧视。

第五十八条　对未成年人犯罪案件，新闻报道、影视节目、公开出版物、网络等不得披露该未成年人的姓名、住所、照片、图像以及可能推断出该未成年人的资料。

第五十九条　对未成年人严重不良行为的矫治与犯罪行为的预防，依照预防未成年人犯罪法的规定执行。

第六章　法律责任

第六十条　违反本法规定，侵害未成年人的合法权益，其他法律、法规已规定行政处罚的，从其规定；造成人身财产损失或者其他损害的，依法承担民事责任；构成犯罪的，依法追究刑事责任。

第六十一条　国家机关及其工作人员不依法履行保护未成年人合法权益的责任，或者侵害未成年人合法权益，或者对提出申诉、控告、检举的人进行打击报复的，由其所在单位或者上级机关责令改正，对直接负责的主管人员和其他直接责任人员依法给予行政处分。

第六十二条　父母或者其他监护人不依法履行监护职责，或者侵害未成年人合法权益的，由其所在单位或者居民委员会、村民委员会予以劝诫、制止；构成违反治安管理行为的，由公安机关依法给予行政处罚。

第六十三条　学校、幼儿园、托儿所侵害未成年人合法权益的，由教育行政部门或者其他有关部门责令改正；情节严重的，对直接负责的主管人员和其他直接责任人员依法给予处分。

学校、幼儿园、托儿所教职员工对未成年人实施体罚、变相体罚或者其他侮辱人格行为的，由其所在单位或者上级机关责令改正；情节严重的，依法给予处分。

第六十四条　制作或者向未成年人出售、出租或者以其他方式传播淫秽、暴力、凶杀、恐怖、赌博等图书、报刊、音像制品、电子出版物以及网络信息等的，由主管部门责令改正，依法给予行政处罚。

第六十五条　生产、销售用于未成年人的食品、药品、玩具、用具和游乐设施不符合国家标准或者行业标准，或者没有在显著位置标明注意事项的，由主管部门责令改正，依法给予行政处罚。

第六十六条　在中小学校园周边设置营业性歌舞娱乐场所、互联网上网服务营业场所等不适宜未成年人活动的场所的，由主管部门予以关闭，依法给予行政处罚。

营业性歌舞娱乐场所、互联网上网服务营业场所等不适宜未成年人活动的场所允许未成年人进入，或者没有在显著位置设置未成年人禁入标志的，由主管部门责令改正，依法给予行政处罚。

第六十七条　向未成年人出售烟酒，或者没有在显著位置设置不向未成年人出售烟酒标志的，由主管部门责令改正，依法给予行政处罚。

第六十八条　非法招用未满十六周岁的未成年人，或者招用已满十六周岁的未成年人从事过重、有毒、有害等危害未成年人身心健康的劳动或者危险作业的，由劳动保障部门责令改正，处以罚款；情节严重的，由工商行政管理部门吊销营业执照。

第六十九条　侵犯未成年人隐私，构成违反治安管理行为的，由公安机关依法给予行政处罚。

第七十条　未成年人救助机构、儿童福利机构及其工作人员不依法履行对未成年人的救助保护职责，或者虐待、歧视未成年人，或者在办理收留抚养工作中牟取利益的，由主管部门责令改正，依法给予行政处分。

第七十一条　胁迫、诱骗、利用未成年人乞讨或者组织未成年人进行有害其身心健康的表演等活动的，由公安机关依法给予行政处罚。

第七章　附　则

第七十二条　本法自 2007 年 6 月 1 日起施行。

中华人民共和国预防未成年人犯罪法

（1999 年 6 月 28 日第九届全国人民代表大会常务委员会第十次会议通过 1999 年 6 月 28 日中华人民共和国主席令第 17 号公布 自 1999 年 11 月 1 日起施行 根据 2012 年 10 月 26 日第十一届全国人民代表大会常务委员会第二十九次会议修正通过 2012 年 10 月 26 日中华人民共和国主席令第 66 号公布 自 2013 年 1 月 1 日起施行的《全国人民代表大会常务委员关于修改〈中华人民共和国预防未成年人犯罪法〉的决定》修正）

目 录

第一章 总 则

第一条 为了保障未成年人身心健康，培养未成年人良好品行，有效地预防未成年人犯罪，制定本法。

第二条　预防未成年人犯罪，立足于教育和保护，从小抓起，对未成年人的不良行为及时进行预防和矫治。

第三条　预防未成年人犯罪，在各级人民政府组织领导下，实行综合治理。

政府有关部门、司法机关、人民团体、有关社会团体、学校、家庭、城市居民委员会、农村村民委员会等各方面共同参与，各负其责，做好预防未成年人犯罪工作，为未成年人身心健康发展创造良好的社会环境。

第四条　各级人民政府在预防未成年人犯罪方面的职责是：

（一）制定预防未成年人犯罪工作的规划；

（二）组织、协调公安、教育、文化、新闻出版、广播电影电视、工商、民政、司法行政等政府有关部门和其他社会组织进行预防未成年人犯罪工作；

（三）对本法实施的情况和工作规划的执行情况进行检查；

（四）总结、推广预防未成年人犯罪工作的经验，树立、表彰先进典型。

第五条　预防未成年人犯罪，应当结合未成年人不同年龄的生理、心理特点，加强青春期教育、心理矫治和预防犯罪对策的研究。

第二章　预防未成年人犯罪的教育

第六条　对未成年人应当加强理想、道德、法治和爱国主义、集体主义、社会主义教育。对于达到义务教育年龄的未成年人，在进行上述教育的同时，应当进行预防犯罪的教育。

预防未成年人犯罪的教育的目的，是增强未成年人的法治观念，使未成年人懂得违法和犯罪行为对个人、家庭、社会造成的危害，违法和犯罪行为应当承担的法律责任，树立遵纪守法和防范违法犯罪的意识。

第七条　教育行政部门、学校应当将预防犯罪的教育作为法治教育的内容纳入学校教育教学计划，结合常见多发的未成年人犯罪，对不同年龄的未成年人进行有针对性的预防犯罪教育。

第八条　司法行政部门、教育行政部门、共产主义青年团、少年先锋队应当结合实际，组织、举办展览会、报告会、演讲会等多种形式的预防未成年人犯罪的法治宣传活动。

学校应当结合实际举办以预防未成年人犯罪的教育为主要内容的活动。

教育行政部门应当将预防未成年人犯罪教育的工作效果作为考核学校工作的一项重要内容。

第九条　学校应当聘任从事法治教育的专职或者兼职教师。学校根据条件可以聘请校外法律辅导员。

第十条　未成年人的父母或者其他监护人对未成年人的法治教育负有直接责任。学校在对学生进行预防犯罪教育时，应当将教育计划告知未成年人的父母或者其他监护人，未成年人的父母或者其他监护人应当结合学校的计划，针对具体情况进行教育。

第十一条　少年宫、青少年活动中心等校外活动场所应当把预防未成年人犯罪的教育作为一项重要的工作内容，开展多种形式的宣传教育活动。

第十二条　对于已满十六周岁不满十八周岁准备就业的未成年人，职业教育培训机构、用人单位应当将法律知识和预防犯罪教育纳入职业培训的内容。

第十三条　城市居民委员会、农村村民委员会应当积极开展有针对性的预防未成年人犯罪的法治宣传活动。

第三章　对未成年人不良行为的预防

第十四条　未成年人的父母或者其他监护人和学校应当教育未成年人不得有下列不良行为：

（一）旷课、夜不归宿；

（二）携带管制刀具；

（三）打架斗殴、辱骂他人；

（四）强行向他人索要财物；

（五）偷窃、故意毁坏财物；

（六）参与赌博或者变相赌博；

（七）观看、收听色情、淫秽的音像制品、读物等；

（八）进入法律、法规规定未成年人不适宜进入的营业性歌舞厅等场所；

（九）其他严重违背社会公德的不良行为。

第十五条　未成年人的父母或者其他监护人和学校应当教育未成年人不得吸烟、酗酒。任何经营场所不得向未成年人出售烟酒。

第十六条　中小学生旷课的，学校应当及时与其父母或者其他监护人取得联系。

未成年人擅自外出夜不归宿的，其父母或者其他监护人、其所在的寄宿制学校应当及时查找，或者向公安机关请求帮助。收留夜不归宿的未成年人的，应当征得其父母或者其他监护人的同意，或者在二十四小时内及时通知其父母或者其他监护人、所在学校或者及时向公安机关报告。

第十七条　未成年人的父母或者其他监护人和学校发现未成年人组织或者参加实施不良行为的团伙的，应当及时予以制止。发现该团伙有违法犯罪行为的，应当向公安机关报告。

第十八条　未成年人的父母或者其他监护人和学校发现有人教唆、胁迫、引诱未成年人违法犯罪的，应当向公安机关报告。公安机关接到报告后，应当及时依法查处，对未成年人人身安全受到威胁的，应当及时采取有效措施，保护其人身安全。

第十九条　未成年人的父母或者其他监护人，不得让不满十六周岁的未成年人脱离监护单独居住。

第二十条　未成年人的父母或者其他监护人对未成年人不得放任不管，不得迫使其离家出走，放弃监护职责。

未成年人离家出走的，其父母或者其他监护人应当及时查找，或者向公安机关请求帮助。

第二十一条　未成年人的父母离异的，离异双方对子女都有教育的义务，任何一方都不得因离异而不履行教育子女的义务。

第二十二条　继父母、养父母对受其抚养教育的未成年继子女、养子女，应当履行本法规定的父母对未成年子女在预防犯罪方面的职责。

第二十三条　学校对有不良行为的未成年人应当加强教育、管理，不得歧视。

第二十四条　教育行政部门、学校应当举办各种形式的讲座、座谈、培训等活动，针对未成年人不同时期的生理、心理特点，介绍良好有效的教育方法，指导教师、未成年人的父母和其他监护人有效地防止、矫治未成年人的不良行为。

第二十五条　对于教唆、胁迫、引诱未成年人实施不良行为或者品行不良，影响恶劣，不适宜在学校工作的教职员工，教育行政部门、学校应当予以解聘或者辞退；构成犯罪的，依法追究刑事责任。

第二十六条　禁止在中小学校附近开办营业性歌舞厅、营业性电子游戏场所以及其他未成年人不适宜进入的场所。禁止开办上述场所的具体范围由省、自治区、直辖市人民政府规定。

对本法施行前已在中小学校附近开办上述场所的，应当限期迁移或者停业。

第二十七条　公安机关应当加强中小学校周围环境的治安管理，及时制止、处理中小学校周围发生的违法犯罪行为。城市居民委员会、农村村民委员会应当协助公安机关做好维护中小学校周围治安的工作。

第二十八条　公安派出所、城市居民委员会、农村村民委员会应当掌握本辖区内暂住人口中未成年人的就学、就业情况。对于暂住人口中未成年人实施不良行为的，应当督促其父母或者其他监护人进行有效的教育、制止。

第二十九条　任何人不得教唆、胁迫、引诱未成年人实施本法规定的不良行为，或者为未成年人实施不良行为提供条件。

第三十条　以未成年人为对象的出版物，不得含有诱发未成年人违法犯罪的内容，不得含有渲染暴力、色情、赌博、恐怖活动等危害未成年人身心健康的内容。

第三十一条　任何单位和个人不得向未成年人出售、出租含有诱发未成年人违法犯罪以及渲染暴力、色情、赌博、恐怖活动等危害未成年人身心健康内容的读物、音像制品或者电子出版物。

任何单位和个人不得利用通讯、计算机网络等方式提供前款规定的危害未成年人身心健康的内容及其信息。

第三十二条　广播、电影、电视、戏剧节目，不得有渲染暴力、色情、赌博、恐怖活动等危害未成年人身心健康的内容。

广播电影电视行政部门、文化行政部门必须加强对广播、电影、电视、戏剧节目以及各类演播场所的管理。

第三十三条　营业性歌舞厅以及其他未成年人不适宜进入的场所，应当设置明显的未成年人禁止进入标志，不得允许未成年人进入。

营业性电子游戏场所在国家法定节假日外，不得允许未成年人进入，并应当设置明显的未成年人禁止进入标志。

对于难以判明是否已成年的，上述场所的工作人员可以要求其出示身份证件。

第四章 对未成年人严重不良行为的矫治

第三十四条 本法所称"严重不良行为"，是指下列严重危害社会，尚不够刑事处罚的违法行为：

（一）纠集他人结伙滋事，扰乱治安；

（二）携带管制刀具，屡教不改；

（三）多次拦截殴打他人或者强行索要他人财物；

（四）传播淫秽的读物或者音像制品等；

（五）进行淫乱或者色情、卖淫活动；

（六）多次偷窃；

（七）参与赌博，屡教不改；

（八）吸食、注射毒品；

（九）其他严重危害社会的行为。

第三十五条 对未成年人实施本法规定的严重不良行为的，应当及时予以制止。

对有本法规定严重不良行为的未成年人，其父母或者其他监护人和学校应当相互配合，采取措施严加管教，也可以送工读学校进行矫治和接受教育。

对未成年人送工读学校进行矫治和接受教育，应当由其父母或者其他监护人，或者原所在学校提出申请，经教育行政部门批准。

第三十六条 工读学校对就读的未成年人应当严格管理和教育。工读学校除按照义务教育法的要求，在课程设置上与普通学校相同外，应当加强法治教育的内容，针对未成年人严重不良行为产生的原因以及有严重不良行为的未成年人的心理特点，开展矫治工作。

家庭、学校应当关心、爱护在工读学校就读的未成年人，尊重他们的人格尊严，不得体罚、虐待和歧视。工读学校毕业的未成年人在升学、就业等方面，同普通学校毕业的学生享有同等的权利，任何单位和个人不得歧视。

第三十七条 未成年人有本法规定严重不良行为，构成违反治安管理行为的，由公安机关依法予以治安处罚。因不满十四周岁或者情节特别轻微免予处罚的，可以予以训诫。

第三十八条 未成年人因不满十六周岁不予刑事处罚的，责令他的父母或者其他监护人严加管教；在必要的时候，也可以由政府依法收容教养。

第三十九条 未成年人在被收容教养期间，执行机关应当保证其继续接受文化知识、法律知识或者职业技术教育；对没有完成义务教育的未成年人，执行机关应当保证其继续接受义务教育。

解除收容教养、劳动教养的未成年人，在复学、升学、就业等方面与其他未成年人享有同等权利，任何单位和个人不得歧视。

第五章　未成年人对犯罪的自我防范

第四十条 未成年人应当遵守法律、法规及社会公共道德规范，树立自尊、自律、自强意识，增强辨别是非和自我保护的能力，自觉抵制各种不良行为及违法犯罪行为的引诱和侵害。

第四十一条 被父母或者其他监护人遗弃、虐待的未成年人，有权向公安机关、民政部门、共产主义青年团、妇女联合会、未成年人保护组织或者学校、城市居民委员会、农村村民委员会请求保护。被请求的上述部门和组织都应当接受，根据情况需要采取救助措施的，应当先采取救助措施。

第四十二条 未成年人发现任何人对自己或者对其他未成年人实施本法第三章规定不得实施的行为或者犯罪行为，可以通过所在学校、其父母或者其他监护人向公安机关或者政府有关主管部门报告，也可以自己向上述机关报告。受理报告的机关应当及时依法查处。

第四十三条 对同犯罪行为作斗争以及举报犯罪行为的未成年人，司法机关、学校、社会应当加强保护，保障其不受打击报复。

第六章　对未成年人重新犯罪的预防

第四十四条 对犯罪的未成年人追究刑事责任，实行教育、感化、挽救方针，坚持教育为主、惩罚为辅的原则。

司法机关办理未成年人犯罪案件，应当保障未成年人行使其诉讼权利，保障未成年人得到法律帮助，并根据未成年人的生理、心理特点和犯罪的情况，有针对性地进行法治教育。

对于被采取刑事强制措施的未成年学生，在人民法院的判决生效以前，不得取消其学籍。

第四十五条 人民法院审判未成年人犯罪的刑事案件，应当由熟悉未成年人身心特点的审判员或者审判员和人民陪审员依法组成少年法庭进行。

对于审判的时候被告人不满十八周岁的刑事案件，不公开审理。

对未成年人犯罪案件，新闻报道、影视节目、公开出版物不得披露该未成年人的姓名、住所、照片及可能推断出该未成年人的资料。

第四十六条 对被拘留、逮捕和执行刑罚的未成年人与成年人应当分别关押、分别管理、分别教育。未成年犯在被执行刑罚期间，执行机关应当加强对未成年犯的法治教育，对未成年犯进行职业技术教育。对没有完成义务教育的未成年犯，执行机关应当保证其继续接受义务教育。

第四十七条 未成年人的父母或者其他监护人和学校、城市居民委员会、农村村民委员会、对因不满十六周岁而不予刑事处罚、免予刑事处罚的未成年人，或者被判处非监禁刑罚、被判处刑罚宣告缓刑、被假释的未成年人，应当采取有效的帮教措施，协助司法机关做好对未成年人的教育、挽救工作。

城市居民委员会、农村村民委员会可以聘请思想品德优秀，作风正派，热心未成年人教育工作的离退休人员或其他人员协助做好对前款规定的未成年人的教育、挽救工作。

第四十八条 依法免予刑事处罚、判处非监禁刑罚、判处刑罚宣告缓刑、假释或者刑罚执行完毕的未成年人，在复学、升学、就业等方面与其他未成年人享有同等权利，任何单位和个人不得歧视。

第七章 法律责任

第四十九条 未成年人的父母或者其他监护人不履行监护职责，放任未成年人有本法规定的不良行为或者严重不良行为的，由公安机关对未成年人的父母或者其他监护人予以训诫，责令其严加管教。

第五十条 未成年人的父母或者其他监护人违反本法第十九条的规定，让不满十六周岁的未成年人脱离监护单独居住的，由公安机关对未成年人的父母或者其他监护人予以训诫，责令其立即改正。

第五十一条 公安机关的工作人员违反本法第十八条的规定，接到报告后，不及时查处或者采取有效措施，严重不负责任的，予以行政处分；造成严重后果，构成犯罪的，依法追究刑事责任。

第五十二条 违反本法第三十条的规定，出版含有诱发未成年人违法犯罪以及渲染暴力、色情、赌博、恐怖活动等危害未成年人身心健康内容的出版物的，由出版行政部门没收出版物和违法所得，并处违法所得三倍以上十倍以下罚款；情节严重的，没收出版物和违法所得，并责令停业整顿或者吊销许可证。对直接负责的主管人员和其他直接责任人员处以罚款。

制作、复制宣扬淫秽内容的未成年人出版物，或者向未成年人出售、出租、传播宣扬淫秽内容的出版物的，依法予以治安处罚；构成犯罪的，依法追究刑事责任。

第五十三条　违反本法第三十一条的规定，向未成年人出售、出租含有诱发未成年人违法犯罪以及渲染暴力、色情、赌博、恐怖活动等危害未成年人身心健康内容的读物、音像制品、电子出版物的，或者利用通讯、计算机网络等方式提供上述危害未成年人身心健康内容及其信息的，没收读物、音像制品、电子出版物和违法所得，由政府有关主管部门处以罚款。

单位有前款行为的，没收读物、音像制品、电子出版物和违法所得，处以罚款，并对直接负责的主管人员和其他直接责任人员处以罚款。

第五十四条　影剧院、录像厅等各类演播场所，放映或者演出渲染暴力、色情、赌博、恐怖活动等危害未成年人身心健康的节目的，由政府有关主管部门没收违法播放的音像制品和违法所得，处以罚款，并对直接负责的主管人员和其他直接责任人员处以罚款；情节严重的，责令停业整顿或者由工商行政部门吊销营业执照。

第五十五条　营业性歌舞厅以及其他未成年人不适宜进入的场所、营业性电子游戏场所，违反本法第三十三条的规定，不设置明显的未成年人禁止进入标志，或者允许未成年人进入的，由文化行政部门责令改正、给予警告、责令停业整顿、没收违法所得，处以罚款，并对直接负责的主管人员和其他直接责任人员处以罚款；情节严重的，由工商行政部门吊销营业执照。

第五十六条　教唆、胁迫、引诱未成年人实施本法规定的不良行为、严重不良行为，或者为未成年人实施不良行为、严重不良行为提供条件，构成违反治安管理行为的，由公安机关依法予以治安处罚；构成犯罪的，依法追究刑事责任。

第八章　附　则

第五十七条　本法自 1999 年 11 月 1 日起施行。

中华人民共和国妇女权益保障法

（1992 年 4 月 3 日第七届全国人民代表大会第五次会议通过 根据 2005 年 8 月 28 日第十届全国人民代表大会常务委员会第十七次会议《关于修改〈中华人民共和国妇女权益保障法〉的决定》第一次修正 根据 2018 年 10 月 26 日第十三届全国人民代表大会常务委员会第六次会议《关于修改〈中华人民共和国野生动物保护法〉等十五部法律的决定》第二次修正）

目 录

第一章 总 则

第一条 为了保障妇女的合法权益，促进男女平等，充分发挥妇女在社会主义现代化建设中的作用，根据宪法和我国的实际情况，制定本法。

第二条　妇女在政治的、经济的、文化的、社会的和家庭的生活等各方面享有同男子平等的权利。

实行男女平等是国家的基本国策。国家采取必要措施，逐步完善保障妇女权益的各项制度，消除对妇女一切形式的歧视。

国家保护妇女依法享有的特殊权益。

禁止歧视、虐待、遗弃、残害妇女。

第三条　国务院制定中国妇女发展纲要，并将其纳入国民经济和社会发展规划。

县级以上地方各级人民政府根据中国妇女发展纲要，制定本行政区域的妇女发展规划，并将其纳入国民经济和社会发展计划。

第四条　保障妇女的合法权益是全社会的共同责任。国家机关、社会团体、企业事业单位、城乡基层群众性自治组织，应当依照本法和有关法律的规定，保障妇女的权益。

国家采取有效措施，为妇女依法行使权利提供必要的条件。

第五条　国家鼓励妇女自尊、自信、自立、自强，运用法律维护自身合法权益。

妇女应当遵守国家法律，尊重社会公德，履行法律所规定的义务。

第六条　各级人民政府应当重视和加强妇女权益的保障工作。

县级以上人民政府负责妇女儿童工作的机构，负责组织、协调、指导、督促有关部门做好妇女权益的保障工作。

县级以上人民政府有关部门在各自的职责范围内做好妇女权益的保障工作。

第七条　中华全国妇女联合会和地方各级妇女联合会依照法律和中华全国妇女联合会章程，代表和维护各族各界妇女的利益，做好维护妇女权益的工作。

工会、共产主义青年团，应当在各自的工作范围内，做好维护妇女权益的工作。

第八条　对保障妇女合法权益成绩显著的组织和个人，各级人民政府和有关部门给予表彰和奖励。

第二章　政治权利

第九条　国家保障妇女享有与男子平等的政治权利。

第十条　妇女有权通过各种途径和形式，管理国家事务，管理经济和文化事业，管理社会事务。

制定法律、法规、规章和公共政策，对涉及妇女权益的重大问题，应当听取妇女联合会的意见。

妇女和妇女组织有权向各级国家机关提出妇女权益保障方面的意见和建议。

第十一条　妇女享有与男子平等的选举权和被选举权。

全国人民代表大会和地方各级人民代表大会的代表中，应当有适当数量的妇女代表。国家采取措施，逐步提高全国人民代表大会和地方各级人民代表大会的妇女代表的比例。

居民委员会、村民委员会成员中，妇女应当有适当的名额。

第十二条　国家积极培养和选拔女干部。

国家机关、社会团体、企业事业单位培养、选拔和任用干部，必须坚持男女平等的原则，并有适当数量的妇女担任领导成员。

国家重视培养和选拔少数民族女干部。

第十三条　中华全国妇女联合会和地方各级妇女联合会代表妇女积极参与国家和社会事务的民主决策、民主管理和民主监督。

各级妇女联合会及其团体会员，可以向国家机关、社会团体、企业事业单位推荐女干部。

第十四条　对于有关保障妇女权益的批评或者合理建议，有关部门应当听取和采纳；对于有关侵害妇女权益的申诉、控告和检举，有关部门必须查清事实，负责处理，任何组织或者个人不得压制或者打击报复。

第三章　文化教育权益

第十五条　国家保障妇女享有与男子平等的文化教育权利。

第十六条　学校和有关部门应当执行国家有关规定，保障妇女在入学、升学、毕业分配、授予学位、派出留学等方面享有与男子平等的权利。

学校在录取学生时，除特殊专业外，不得以性别为由拒绝录取女性或者提高对女性的录取标准。

第十七条 学校应当根据女性青少年的特点，在教育、管理、设施等方面采取措施，保障女性青少年身心健康发展。

第十八条 父母或者其他监护人必须履行保障适龄女性儿童少年接受义务教育的义务。

除因疾病或者其他特殊情况经当地人民政府批准的以外，对不送适龄女性儿童少年入学的父母或者其他监护人，由当地人民政府予以批评教育，并采取有效措施，责令送适龄女性儿童少年入学。

政府、社会、学校应当采取有效措施，解决适龄女性儿童少年就学存在的实际困难，并创造条件，保证贫困、残疾和流动人口中的适龄女性儿童少年完成义务教育。

第十九条 各级人民政府应当依照规定把扫除妇女中的文盲、半文盲工作，纳入扫盲和扫盲后继续教育规划，采取符合妇女特点的组织形式和工作方法，组织、监督有关部门具体实施。

第二十条 各级人民政府和有关部门应当采取措施，根据城镇和农村妇女的需要，组织妇女接受职业教育和实用技术培训。

第二十一条 国家机关、社会团体和企业事业单位应当执行国家有关规定，保障妇女从事科学、技术、文学、艺术和其他文化活动，享有与男子平等的权利。

第四章　劳动和社会保障权益

第二十二条 国家保障妇女享有与男子平等的劳动权利和社会保障权利。

第二十三条 各单位在录用职工时，除不适合妇女的工种或者岗位外，不得以性别为由拒绝录用妇女或者提高对妇女的录用标准。

各单位在录用女职工时，应当依法与其签订劳动（聘用）合同或者服务协议，劳动（聘用）合同或者服务协议中不得规定限制女职工结婚、生育的内容。

禁止录用未满十六周岁的女性未成年人，国家另有规定的除外。

第二十四条 实行男女同工同酬。妇女在享受福利待遇方面享有与男子平等的权利。

第二十五条 在晋职、晋级、评定专业技术职务等方面，应当坚持男女平等的原则，不得歧视妇女。

第二十六条　任何单位均应根据妇女的特点，依法保护妇女在工作和劳动时的安全和健康，不得安排不适合妇女从事的工作和劳动。

妇女在经期、孕期、产期、哺乳期受特殊保护。

第二十七条　任何单位不得因结婚、怀孕、产假、哺乳等情形，降低女职工的工资，辞退女职工，单方解除劳动（聘用）合同或者服务协议。但是，女职工要求终止劳动（聘用）合同或者服务协议的除外。

各单位在执行国家退休制度时，不得以性别为由歧视妇女。

第二十八条　国家发展社会保险、社会救助、社会福利和医疗卫生事业，保障妇女享有社会保险、社会救助、社会福利和卫生保健等权益。

国家提倡和鼓励为帮助妇女开展的社会公益活动。

第二十九条　国家推行生育保险制度，建立健全与生育相关的其他保障制度。

地方各级人民政府和有关部门应当按照有关规定为贫困妇女提供必要的生育救助。

第五章　财产权益

第三十条　国家保障妇女享有与男子平等的财产权利。

第三十一条　在婚姻、家庭共有财产关系中，不得侵害妇女依法享有的权益。

第三十二条　妇女在农村土地承包经营、集体经济组织收益分配、土地征收或者征用补偿费使用以及宅基地使用等方面，享有与男子平等的权利。

第三十三条　任何组织和个人不得以妇女未婚、结婚、离婚、丧偶等为由，侵害妇女在农村集体经济组织中的各项权益。

因结婚男方到女方住所落户的，男方和子女享有与所在地农村集体经济组织成员平等的权益。

第三十四条　妇女享有的与男子平等的财产继承权受法律保护。在同一顺序法定继承人中，不得歧视妇女。

丧偶妇女有权处分继承的财产，任何人不得干涉。

第三十五条　丧偶妇女对公、婆尽了主要赡养义务的，作为公、婆的第一顺序法定继承人，其继承权不受子女代位继承的影响。

第六章 人身权利

第三十六条 国家保障妇女享有与男子平等的人身权利。

第三十七条 妇女的人身自由不受侵犯。禁止非法拘禁和以其他非法手段剥夺或者限制妇女的人身自由；禁止非法搜查妇女的身体。

第三十八条 妇女的生命健康权不受侵犯。禁止溺、弃、残害女婴；禁止歧视、虐待生育女婴的妇女和不育的妇女；禁止用迷信、暴力等手段残害妇女；禁止虐待、遗弃病、残妇女和老年妇女。

第三十九条 禁止拐卖、绑架妇女；禁止收买被拐卖、绑架的妇女；禁止阻碍解救被拐卖、绑架的妇女。

各级人民政府和公安、民政、劳动和社会保障、卫生等部门按照其职责及时采取措施解救被拐卖、绑架的妇女，做好善后工作，妇女联合会协助和配合做好有关工作。任何人不得歧视被拐卖、绑架的妇女。

第四十条 禁止对妇女实施性骚扰。受害妇女有权向单位和有关机关投诉。

第四十一条 禁止卖淫、嫖娼。

禁止组织、强迫、引诱、容留、介绍妇女卖淫或者对妇女进行猥亵活动。

禁止组织、强迫、引诱妇女进行淫秽表演活动。

第四十二条 妇女的名誉权、荣誉权、隐私权、肖像权等人格权受法律保护。

禁止用侮辱、诽谤等方式损害妇女的人格尊严。禁止通过大众传播媒介或者其他方式贬低损害妇女人格。未经本人同意，不得以营利为目的，通过广告、商标、展览橱窗、报纸、期刊、图书、音像制品、电子出版物、网络等形式使用妇女肖像。

第七章 婚姻家庭权益

第四十三条 国家保障妇女享有与男子平等的婚姻家庭权利。

第四十四条 国家保护妇女的婚姻自主权。禁止干涉妇女的结婚、离婚自由。

第四十五条 女方在怀孕期间、分娩后一年内或者终止妊娠后六个月内，男方不得提出离婚。女方提出离婚的，或者人民法院认为确有必要受理男方离婚请求的，不在此限。

第四十六条　禁止对妇女实施家庭暴力。

国家采取措施，预防和制止家庭暴力。

公安、民政、司法行政等部门以及城乡基层群众性自治组织、社会团体，应当在各自的职责范围内预防和制止家庭暴力，依法为受害妇女提供救助。

第四十七条　妇女对依照法律规定的夫妻共同财产享有与其配偶平等的占有、使用、收益和处分的权利，不受双方收入状况的影响。

夫妻书面约定婚姻关系存续期间所得的财产归各自所有，女方因抚育子女、照料老人、协助男方工作等承担较多义务的，有权在离婚时要求男方予以补偿。

第四十八条　夫妻共有的房屋，离婚时，分割住房由双方协议解决；协议不成的，由人民法院根据双方的具体情况，按照照顾子女和女方权益的原则判决。夫妻双方另有约定的除外。

夫妻共同租用的房屋，离婚时，女方的住房应当按照照顾子女和女方权益的原则解决。

第四十九条　父母双方对未成年子女享有平等的监护权。

父亲死亡、丧失行为能力或者有其他情形不能担任未成年子女的监护人的，母亲的监护权任何人不得干涉。

第五十条　离婚时，女方因实施绝育手术或者其他原因丧失生育能力的，处理子女抚养问题，应在有利子女权益的条件下，照顾女方的合理要求。

第五十一条　妇女有按照国家有关规定生育子女的权利，也有不生育的自由。

育龄夫妻双方按照国家有关规定计划生育，有关部门应当提供安全、有效的避孕药具和技术，保障实施节育手术的妇女的健康和安全。

国家实行婚前保健、孕产期保健制度，发展母婴保健事业。各级人民政府应当采取措施，保障妇女享有计划生育技术服务，提高妇女的生殖健康水平。

第八章　法律责任

第五十二条　妇女的合法权益受到侵害的，有权要求有关部门依法处理，或者依法向仲裁机构申请仲裁，或者向人民法院起诉。

对有经济困难需要法律援助或者司法救助的妇女，当地法律援助机构或者人民法院应当给予帮助，依法为其提供法律援助或者司法救助。

第五十三条　妇女的合法权益受到侵害的，可以向妇女组织投诉，妇女组织应当维护被侵害妇女的合法权益，有权要求并协助有关部门或者单位查处。有关部门或者单位应当依法查处，并予以答复。

第五十四条　妇女组织对于受害妇女进行诉讼需要帮助的，应当给予支持。

妇女联合会或者相关妇女组织对侵害特定妇女群体利益的行为，可以通过大众传播媒介揭露、批评，并有权要求有关部门依法查处。

第五十五条　违反本法规定，以妇女未婚、结婚、离婚、丧偶等为由，侵害妇女在农村集体经济组织中的各项权益的，或者因结婚男方到女方住所落户，侵害男方和子女享有与所在地农村集体经济组织成员平等权益的，由乡镇人民政府依法调解；受害人也可以依法向农村土地承包仲裁机构申请仲裁，或者向人民法院起诉，人民法院应当依法受理。

第五十六条　违反本法规定，侵害妇女的合法权益，其他法律、法规规定行政处罚的，从其规定；造成财产损失或者其他损害的，依法承担民事责任；构成犯罪的，依法追究刑事责任。

第五十七条　违反本法规定，对侵害妇女权益的申诉、控告、检举，推诿、拖延、压制不予查处，或者对提出申诉、控告、检举的人进行打击报复的，由其所在单位、主管部门或者上级机关责令改正，并依法对直接负责的主管人员和其他直接责任人员给予行政处分。

国家机关及其工作人员未依法履行职责，对侵害妇女权益的行为未及时制止或者未给予受害妇女必要帮助，造成严重后果的，由其所在单位或者上级机关依法对直接负责的主管人员和其他直接责任人员给予行政处分。

违反本法规定，侵害妇女文化教育权益、劳动和社会保障权益、人身和财产权益以及婚姻家庭权益的，由其所在单位、主管部门或者上级机关责令改正，直接负责的主管人员和其他直接责任人员属于国家工作人员的，由其所在单位或者上级机关依法给予行政处分。

第五十八条　违反本法规定，对妇女实施性骚扰或者家庭暴力，构成违反治安管理行为的，受害人可以提请公安机关对违法行为人依法给予行政处罚，也可以依法向人民法院提起民事诉讼。

第五十九条 违反本法规定，通过大众传播媒介或者其他方式贬低损害妇女人格的，由文化、广播电视、电影、新闻出版或者其他有关部门依据各自的职权责令改正，并依法给予行政处罚。

第九章 附 则

第六十条 省、自治区、直辖市人民代表大会常务委员会可以根据本法治定实施办法。

民族自治地方的人民代表大会，可以依据本法规定的原则，结合当地民族妇女的具体情况，制定变通的或者补充的规定。自治区的规定，报全国人民代表大会常务委员会批准后生效；自治州、自治县的规定，报省、自治区、直辖市人民代表大会常务委员会批准后生效，并报全国人民代表大会常务委员会备案。

第六十一条 本法自 1992 年 10 月 1 日起施行。

中华人民共和国反家庭暴力法

（2015 年 12 月 27 日第十二届全国人民代表大会常务委员会第十八次会议通过 2015 年 12 月 27 日中华人民共和国主席令第 37 号公布 自 2016 年 3 月 1 日起施行）

目 录

第一章 总 则

第一条 为了预防和制止家庭暴力，保护家庭成员的合法权益，维护平等、和睦、文明的家庭关系，促进家庭和谐、社会稳定，制定本法。

第二条 本法所称家庭暴力，是指家庭成员之间以殴打、捆绑、残害、限制人身自由以及经常性谩骂、恐吓等方式实施的身体、精神等侵害行为。

第三条 家庭成员之间应当互相帮助，互相关爱，和睦相处，履行家庭义务。

反家庭暴力是国家、社会和每个家庭的共同责任。

国家禁止任何形式的家庭暴力。

第四条 县级以上人民政府负责妇女儿童工作的机构，负责组织、协调、指导、督促有关部门做好反家庭暴力工作。

县级以上人民政府有关部门、司法机关、人民团体、社会组织、居民委员会、村民委员会、企业事业单位，应当依照本法和有关法律规定，做好反家庭暴力工作。

各级人民政府应当对反家庭暴力工作给予必要的经费保障。

第五条 反家庭暴力工作遵循预防为主，教育、矫治与惩处相结合原则。

反家庭暴力工作应当尊重受害人真实意愿，保护当事人隐私。

未成年人、老年人、残疾人、孕期和哺乳期的妇女、重病患者遭受家庭暴力的，应当给予特殊保护。

第二章　家庭暴力的预防

第六条 国家开展家庭美德宣传教育，普及反家庭暴力知识，增强公民反家庭暴力意识。

工会、共产主义青年团、妇女联合会、残疾人联合会应当在各自工作范围内，组织开展家庭美德和反家庭暴力宣传教育。

广播、电视、报刊、网络等应当开展家庭美德和反家庭暴力宣传。

学校、幼儿园应当开展家庭美德和反家庭暴力教育。

第七条 县级以上人民政府有关部门、司法机关、妇女联合会应当将预防和制止家庭暴力纳入业务培训和统计工作。

医疗机构应当做好家庭暴力受害人的诊疗记录。

第八条 乡镇人民政府、街道办事处应当组织开展家庭暴力预防工作，居民委员会、村民委员会、社会工作服务机构应当予以配合协助。

第九条 各级人民政府应当支持社会工作服务机构等社会组织开展心理健康咨询、家庭关系指导、家庭暴力预防知识教育等服务。

第十条 人民调解组织应当依法调解家庭纠纷，预防和减少家庭暴力的发生。

第十一条 用人单位发现本单位人员有家庭暴力情况的，应当给予批评教育，并做好家庭矛盾的调解、化解工作。

第十二条 未成年人的监护人应当以文明的方式进行家庭教育，依法履行监护和教育职责，不得实施家庭暴力。

第三章　家庭暴力的处置

第十三条　家庭暴力受害人及其法定代理人、近亲属可以向加害人或者受害人所在单位、居民委员会、村民委员会、妇女联合会等单位投诉、反映或者求助。有关单位接到家庭暴力投诉、反映或者求助后，应当给予帮助、处理。

家庭暴力受害人及其法定代理人、近亲属也可以向公安机关报案或者依法向人民法院起诉。

单位、个人发现正在发生的家庭暴力行为，有权及时劝阻。

第十四条　学校、幼儿园、医疗机构、居民委员会、村民委员会、社会工作服务机构、救助管理机构、福利机构及其工作人员在工作中发现无民事行为能力人、限制民事行为能力人遭受或者疑似遭受家庭暴力的，应当及时向公安机关报案。公安机关应当对报案人的信息予以保密。

第十五条　公安机关接到家庭暴力报案后应当及时出警，制止家庭暴力，按照有关规定调查取证，协助受害人就医、鉴定伤情。

无民事行为能力人、限制民事行为能力人因家庭暴力身体受到严重伤害、面临人身安全威胁或者处于无人照料等危险状态的，公安机关应当通知并协助民政部门将其安置到临时庇护场所、救助管理机构或者福利机构。

第十六条　家庭暴力情节较轻，依法不给予治安管理处罚的，由公安机关对加害人给予批评教育或者出具告诫书。

告诫书应当包括加害人的身份信息、家庭暴力的事实陈述、禁止加害人实施家庭暴力等内容。

第十七条　公安机关应当将告诫书送交加害人、受害人，并通知居民委员会、村民委员会。

居民委员会、村民委员会、公安派出所应当对收到告诫书的加害人、受害人进行查访，监督加害人不再实施家庭暴力。

第十八条　县级或者设区的市级人民政府可以单独或者依托救助管理机构设立临时庇护场所，为家庭暴力受害人提供临时生活帮助。

第十九条　法律援助机构应当依法为家庭暴力受害人提供法律援助。

人民法院应当依法对家庭暴力受害人缓收、减收或者免收诉讼费用。

第二十条　人民法院审理涉及家庭暴力的案件，可以根据公安机关出警记录、告诫书、伤情鉴定意见等证据，认定家庭暴力事实。

第二十一条　监护人实施家庭暴力严重侵害被监护人合法权益的，人民法院可以根据被监护人的近亲属、居民委员会、村民委员会、县级人民政府民政部门等有关人员或者单位的申请，依法撤销其监护人资格，另行指定监护人。

被撤销监护人资格的加害人，应当继续负担相应的赡养、扶养、抚养费用。

第二十二条　工会、共产主义青年团、妇女联合会、残疾人联合会、居民委员会、村民委员会等应当对实施家庭暴力的加害人进行法治教育，必要时可以对加害人、受害人进行心理辅导。

第四章　人身安全保护令

第二十三条　当事人因遭受家庭暴力或者面临家庭暴力的现实危险，向人民法院申请人身安全保护令的，人民法院应当受理。

当事人是无民事行为能力人、限制民事行为能力人，或者因受到强制、威吓等原因无法申请人身安全保护令的，其近亲属、公安机关、妇女联合会、居民委员会、村民委员会、救助管理机构可以代为申请。

第二十四条　申请人身安全保护令应当以书面方式提出；书面申请确有困难的，可以口头申请，由人民法院记入笔录。

第二十五条　人身安全保护令案件由申请人或者被申请人居住地、家庭暴力发生地的基层人民法院管辖。

第二十六条　人身安全保护令由人民法院以裁定形式作出。

第二十七条　作出人身安全保护令，应当具备下列条件：

（一）有明确的被申请人；

（二）有具体的请求；

（三）有遭受家庭暴力或者面临家庭暴力现实危险的情形。

第二十八条　人民法院受理申请后，应当在七十二小时内作出人身安全保护令或者驳回申请；情况紧急的，应当在二十四小时内作出。

第二十九条　人身安全保护令可以包括下列措施：

（一）禁止被申请人实施家庭暴力；

（二）禁止被申请人骚扰、跟踪、接触申请人及其相关近亲属；

（三）责令被申请人迁出申请人住所；

（四）保护申请人人身安全的其他措施。

第三十条 人身安全保护令的有效期不超过六个月，自作出之日起生效。人身安全保护令失效前，人民法院可以根据申请人的申请撤销、变更或者延长。

第三十一条 申请人对驳回申请不服或者被申请人对人身安全保护令不服的，可以自裁定生效之日起五日内向作出裁定的人民法院申请复议一次。人民法院依法作出人身安全保护令的，复议期间不停止人身安全保护令的执行。

第三十二条 人民法院作出人身安全保护令后，应当送达申请人、被申请人、公安机关以及居民委员会、村民委员会等有关组织。人身安全保护令由人民法院执行，公安机关以及居民委员会、村民委员会等应当协助执行。

第五章 法律责任

第三十三条 加害人实施家庭暴力，构成违反治安管理行为的，依法给予治安管理处罚；构成犯罪的，依法追究刑事责任。

第三十四条 被申请人违反人身安全保护令，构成犯罪的，依法追究刑事责任；尚不构成犯罪的，人民法院应当给予训诫，可以根据情节轻重处以一千元以下罚款、十五日以下拘留。

第三十五条 学校、幼儿园、医疗机构、居民委员会、村民委员会、社会工作服务机构、救助管理机构、福利机构及其工作人员未依照本法第十四条规定向公安机关报案，造成严重后果的，由上级主管部门或者本单位对直接负责的主管人员和其他直接责任人员依法给予处分。

第三十六条 负有反家庭暴力职责的国家工作人员玩忽职守、滥用职权、徇私舞弊的，依法给予处分；构成犯罪的，依法追究刑事责任。

第六章 附 则

第三十七条 家庭成员以外共同生活的人之间实施的暴力行为，参照本法规定执行。

第三十八条 本法自 2016 年 3 月 1 日起施行。

中华人民共和国老年人权益保障法

（1996 年 8 月 29 日第八届全国人民代表大会常务委员会第二十一次会议通过 根据 2009 年 8 月 27 日第十一届全国人民代表大会常务委员会第十次会议《关于修改部分法律的决定》第一次修正 2012 年 12 月 28 日第十一届全国人民代表大会常务委员会第三十次会议修订 根据 2015 年 4 月 24 日第十二届全国人民代表大会常务委员会第十四次会议《全国人民代表大会常务委员会关于修改〈中华人民共和国电力法〉等六部法律的决定》第二次修正 根据 2018 年 12 月 29 日第十三届全国人民代表大会常务委员会第七次会议《关于修改〈中华人民共和国劳动法〉等七部法律的决定》第三次修正）

目 录

第一章　总　则

第一条　为了保障老年人合法权益，发展老龄事业，弘扬中华民族敬老、养老、助老的美德，根据宪法，制定本法。

第二条　本法所称老年人是指六十周岁以上的公民。

第三条　国家保障老年人依法享有的权益。

老年人有从国家和社会获得物质帮助的权利，有享受社会服务和社会优待的权利，有参与社会发展和共享发展成果的权利。

禁止歧视、侮辱、虐待或者遗弃老年人。

第四条　积极应对人口老龄化是国家的一项长期战略任务。

国家和社会应当采取措施，健全保障老年人权益的各项制度，逐步改善保障老年人生活、健康、安全以及参与社会发展的条件，实现老有所养、老有所医、老有所为、老有所学、老有所乐。

第五条　国家建立多层次的社会保障体系，逐步提高对老年人的保障水平。

国家建立和完善以居家为基础、社区为依托、机构为支撑的社会养老服务体系。

倡导全社会优待老年人。

第六条　各级人民政府应当将老龄事业纳入国民经济和社会发展规划，将老龄事业经费列入财政预算，建立稳定的经费保障机制，并鼓励社会各方面投入，使老龄事业与经济、社会协调发展。

国务院制定国家老龄事业发展规划。县级以上地方人民政府根据国家老龄事业发展规划，制定本行政区域的老龄事业发展规划和年度计划。

县级以上人民政府负责老龄工作的机构，负责组织、协调、指导、督促有关部门做好老年人权益保障工作。

第七条　保障老年人合法权益是全社会的共同责任。

国家机关、社会团体、企业事业单位和其他组织应当按照各自职责，做好老年人权益保障工作。

基层群众性自治组织和依法设立的老年人组织应当反映老年人的要求，维护老年人合法权益，为老年人服务。

提倡、鼓励义务为老年人服务。

第八条 国家进行人口老龄化国情教育，增强全社会积极应对人口老龄化意识。

全社会应当广泛开展敬老、养老、助老宣传教育活动，树立尊重、关心、帮助老年人的社会风尚。

青少年组织、学校和幼儿园应当对青少年和儿童进行敬老、养老、助老的道德教育和维护老年人合法权益的法治教育。

广播、电影、电视、报刊、网络等应当反映老年人的生活，开展维护老年人合法权益的宣传，为老年人服务。

第九条 国家支持老龄科学研究，建立老年人状况统计调查和发布制度。

第十条 各级人民政府和有关部门对维护老年人合法权益和敬老、养老、助老成绩显著的组织、家庭或者个人，对参与社会发展做出突出贡献的老年人，按照国家有关规定给予表彰或者奖励。

第十一条 老年人应当遵纪守法，履行法律规定的义务。

第十二条 每年农历九月初九为老年节。

第二章　家庭赡养与扶养

第十三条 老年人养老以居家为基础，家庭成员应当尊重、关心和照料老年人。

第十四条 赡养人应当履行对老年人经济上供养、生活上照料和精神上慰藉的义务，照顾老年人的特殊需要。

赡养人是指老年人的子女以及其他依法负有赡养义务的人。

赡养人的配偶应当协助赡养人履行赡养义务。

第十五条 赡养人应当使患病的老年人及时得到治疗和护理；对经济困难的老年人，应当提供医疗费用。

对生活不能自理的老年人，赡养人应当承担照料责任；不能亲自照料的，可以按照老年人的意愿委托他人或者养老机构等照料。

第十六条 赡养人应当妥善安排老年人的住房，不得强迫老年人居住或者迁居条件低劣的房屋。

老年人自有的或者承租的住房，子女或者其他亲属不得侵占，不得擅自改变产权关系或者租赁关系。

老年人自有的住房，赡养人有维修的义务。

第十七条　赡养人有义务耕种或者委托他人耕种老年人承包的田地，照管或者委托他人照管老年人的林木和牲畜等，收益归老年人所有。

第十八条　家庭成员应当关心老年人的精神需求，不得忽视、冷落老年人。

与老年人分开居住的家庭成员，应当经常看望或者问候老年人。

用人单位应当按照国家有关规定保障赡养人探亲休假的权利。

第十九条　赡养人不得以放弃继承权或者其他理由，拒绝履行赡养义务。

赡养人不履行赡养义务，老年人有要求赡养人付给赡养费等权利。

赡养人不得要求老年人承担力不能及的劳动。

第二十条　经老年人同意，赡养人之间可以就履行赡养义务签订协议。赡养协议的内容不得违反法律的规定和老年人的意愿。

基层群众性自治组织、老年人组织或者赡养人所在单位监督协议的履行。

第二十一条　老年人的婚姻自由受法律保护。子女或者其他亲属不得干涉老年人离婚、再婚及婚后的生活。

赡养人的赡养义务不因老年人的婚姻关系变化而消除。

第二十二条　老年人对个人的财产，依法享有占有、使用、收益和处分的权利，子女或者其他亲属不得干涉，不得以窃取、骗取、强行索取等方式侵犯老年人的财产权益。

老年人有依法继承父母、配偶、子女或者其他亲属遗产的权利，有接受赠与的权利。子女或者其他亲属不得侵占、抢夺、转移、隐匿或者损毁应当由老年人继承或者接受赠与的财产。

老年人以遗嘱处分财产，应当依法为老年配偶保留必要的份额。

第二十三条　老年人与配偶有相互扶养的义务。

由兄、姐扶养的弟、妹成年后，有负担能力的，对年老无赡养人的兄、姐有扶养的义务。

第二十四条　赡养人、扶养人不履行赡养、扶养义务的，基层群众性自治组织、老年人组织或者赡养人、扶养人所在单位应当督促其履行。

第二十五条　禁止对老年人实施家庭暴力。

第二十六条　具备完全民事行为能力的老年人，可以在近亲属或者其他与自己关系密切、愿意承担监护责任的个人、组织中协商确定自己的监护人。监护人在老年人丧失或者部分丧失民事行为能力时，依法承担监护责任。

老年人未事先确定监护人的，其丧失或者部分丧失民事行为能力时，依照有关法律的规定确定监护人。

第二十七条　国家建立健全家庭养老支持政策，鼓励家庭成员与老年人共同生活或者就近居住，为老年人随配偶或者赡养人迁徙提供条件，为家庭成员照料老年人提供帮助。

第三章　社会保障

第二十八条　国家通过基本养老保险制度，保障老年人的基本生活。

第二十九条　国家通过基本医疗保险制度，保障老年人的基本医疗需要。享受最低生活保障的老年人和符合条件的低收入家庭中的老年人参加新型农村合作医疗和城镇居民基本医疗保险所需个人缴费部分，由政府给予补贴。

有关部门制定医疗保险办法，应当对老年人给予照顾。

第三十条　国家逐步开展长期护理保障工作，保障老年人的护理需求。

对生活长期不能自理、经济困难的老年人，地方各级人民政府应当根据其失能程度等情况给予护理补贴。

第三十一条　国家对经济困难的老年人给予基本生活、医疗、居住或者其他救助。

老年人无劳动能力、无生活来源、无赡养人和扶养人，或者其赡养人和扶养人确无赡养能力或者扶养能力的，由地方各级人民政府依照有关规定给予供养或者救助。

对流浪乞讨、遭受遗弃等生活无着的老年人，由地方各级人民政府依照有关规定给予救助。

第三十二条　地方各级人民政府在实施廉租住房、公共租赁住房等住房保障制度或者进行危旧房屋改造时，应当优先照顾符合条件的老年人。

第三十三条　国家建立和完善老年人福利制度，根据经济社会发展水平和老年人的实际需要，增加老年人的社会福利。

国家鼓励地方建立八十周岁以上低收入老年人高龄津贴制度。

国家建立和完善计划生育家庭老年人扶助制度。

农村可以将未承包的集体所有的部分土地、山林、水面、滩涂等作为养老基地，收益供老年人养老。

第三十四条　老年人依法享有的养老金、医疗待遇和其他待遇应当得到保障，有关机构必须按时足额支付，不得克扣、拖欠或者挪用。

国家根据经济发展以及职工平均工资增长、物价上涨等情况，适时提高养老保障水平。

第三十五条　国家鼓励慈善组织以及其他组织和个人为老年人提供物质帮助。

第三十六条　老年人可以与集体经济组织、基层群众性自治组织、养老机构等组织或者个人签订遗赠扶养协议或者其他扶助协议。

负有扶养义务的组织或者个人按照遗赠扶养协议，承担该老年人生养死葬的义务，享有受遗赠的权利。

第四章　社会服务

第三十七条　地方各级人民政府和有关部门应当采取措施，发展城乡社区养老服务，鼓励、扶持专业服务机构及其他组织和个人，为居家的老年人提供生活照料、紧急救援、医疗护理、精神慰藉、心理咨询等多种形式的服务。

对经济困难的老年人，地方各级人民政府应当逐步给予养老服务补贴。

第三十八条　地方各级人民政府和有关部门、基层群众性自治组织，应当将养老服务设施纳入城乡社区配套设施建设规划，建立适应老年人需要的生活服务、文化体育活动、日间照料、疾病护理与康复等服务设施和网点，就近为老年人提供服务。

发扬邻里互助的传统，提倡邻里间关心、帮助有困难的老年人。

鼓励慈善组织、志愿者为老年人服务。倡导老年人互助服务。

第三十九条　各级人民政府应当根据经济发展水平和老年人服务需求，逐步增加对养老服务的投入。

各级人民政府和有关部门在财政、税费、土地、融资等方面采取措施，鼓励、扶持企业事业单位、社会组织或者个人兴办、运营养老、老年人日间照料、老年文化体育活动等设施。

第四十条　地方各级人民政府和有关部门应当按照老年人口比例及分布情况，将养老服务设施建设纳入城乡规划和土地利用总体规划，统筹安排养老服务设施建设用地及所需物资。

公益性养老服务设施用地，可以依法使用国有划拨土地或者农民集体所有的土地。

养老服务设施用地，非经法定程序不得改变用途。

第四十一条　政府投资兴办的养老机构，应当优先保障经济困难的孤寡、失能、高龄等老年人的服务需求。

第四十二条　国务院有关部门制定养老服务设施建设、养老服务质量和养老服务职业等标准，建立健全养老机构分类管理和养老服务评估制度。

各级人民政府应当规范养老服务收费项目和标准，加强监督和管理。

第四十三条　设立公益性养老机构，应当依法办理相应的登记。

设立经营性养老机构，应当在市场监督管理部门办理登记。

养老机构登记后即可开展服务活动，并有县级以上人民政府民政部门备案。

第四十四条　地方各级人民政府加强对本行政区域养老机构管理工作的领导，建立养老机构综合监管制度。

县级以上人民政府部门负责养老机构的指导、监督和管理，其他有关部门依照职责分工对养老机构实施监督。

第四十五条　县级以上人民政府部门依法履行监督检查职责，可以采取以下措施：

（一）向养老机构和个人了解情况：

（二）进入涉嫌违法的养老机构进行现场检查；

（三）查阅或者复制有关合同、票据、账薄及其他有关资料；

（四）发现养老机构存在可能危及人身健康和生命财产安全风险的，责令限期改正，逾期不改正的，责令停业整顿。

县级以上人民政府民政部门调查养老机构涉嫌违法行为的，应当遵守《中华人民共和国行政强制法》和其他有关法律、行政法规的规定。

第四十六条　养老机构变更或者终止的，应当妥善安置收住的老年人，并依照规定到有关部门办理手续。有关部门应当为养老机构妥善安置老年人提供帮助。

第四十七条　国家建立健全养老服务人才培养、使用、评价和激励制度，依法规范用工，促进从业人员劳动报酬合理增长，发展专职、兼职和志愿者相结合的养老服务队伍。

国家鼓励高等学校、中等职业学校和职业培训机构设置相关专业或者培训项目，培养养老服务专业人才。

第四十八条 养老机构应当与接受服务的老年人或者其代理人签订服务协议，明确双方的权利、义务。

养老机构及其工作人员不得以任何方式侵害老年人的权益。

第四十九条 国家鼓励养老机构投保责任保险，鼓励保险公司承保责任保险。

第五十条 各级人民政府和有关部门应当将老年医疗卫生服务纳入城乡医疗卫生服务规划，将老年人健康管理和常见病预防等纳入国家基本公共卫生服务项目。鼓励为老年人提供保健、护理、临终关怀等服务。

国家鼓励医疗机构开设针对老年病的专科或者门诊。

医疗卫生机构应当开展老年人的健康服务和疾病防治工作。

第五十一条 国家采取措施，加强老年医学的研究和人才培养，提高老年病的预防、治疗、科研水平，促进老年病的早期发现、诊断和治疗。

国家和社会采取措施，开展各种形式的健康教育，普及老年保健知识，增强老年人自我保健意识。

第五十二条 国家采取措施，发展老龄产业，将老龄产业列入国家扶持行业目录。扶持和引导企业开发、生产、经营适应老年人需要的用品和提供相关的服务。

第五章 社会优待

第五十三条 县级以上人民政府及其有关部门根据经济社会发展情况和老年人的特殊需要，制定优待老年人的办法，逐步提高优待水平。

对常住在本行政区域内的外埠老年人给予同等优待。

第五十四条 各级人民政府和有关部门应当为老年人及时、便利地领取养老金、结算医疗费和享受其他物质帮助提供条件。

第五十五条 各级人民政府和有关部门办理房屋权属关系变更、户口迁移等涉及老年人权益的重大事项时，应当就办理事项是否为老年人的真实意思表示进行询问，并依法优先办理。

第五十六条 老年人因其合法权益受侵害提起诉讼交纳诉讼费确有困难的，可以缓交、减交或者免交；需要获得律师帮助，但无力支付律师费用的，可以获得法律援助。

鼓励律师事务所、公证处、基层法律服务所和其他法律服务机构为经济困难的老年人提供免费或者优惠服务。

第五十七条 医疗机构应当为老年人就医提供方便，对老年人就医予以优先。有条件的地方，可以为老年人设立家庭病床，开展巡回医疗、护理、康复、免费体检等服务。

提倡为老年人义诊。

第五十八条 提倡与老年人日常生活密切相关的服务行业为老年人提供优先、优惠服务。

城市公共交通、公路、铁路、水路和航空客运，应当为老年人提供优待和照顾。

第五十九条 博物馆、美术馆、科技馆、纪念馆、公共图书馆、文化馆、影剧院、体育场馆、公园、旅游景点等场所，应当对老年人免费或者优惠开放。

第六十条 农村老年人不承担兴办公益事业的筹劳义务。

第六章　宜居环境

第六十一条 国家采取措施，推进宜居环境建设，为老年人提供安全、便利和舒适的环境。

第六十二条 各级人民政府在制定城乡规划时，应当根据人口老龄化发展趋势、老年人口分布和老年人的特点，统筹考虑适合老年人的公共基础设施、生活服务设施、医疗卫生设施和文化体育设施建设。

第六十三条 国家制定和完善涉及老年人的工程建设标准体系，在规划、设计、施工、监理、验收、运行、维护、管理等环节加强相关标准的实施与监督。

第六十四条 国家制定无障碍设施工程建设标准。新建、改建和扩建道路、公共交通设施、建筑物、居住区等，应当符合国家无障碍设施工程建设标准。

各级人民政府和有关部门应当按照国家无障碍设施工程建设标准，优先推进与老年人日常生活密切相关的公共服务设施的改造。

无障碍设施的所有人和管理人应当保障无障碍设施正常使用。

第六十五条 国家推动老年宜居社区建设，引导、支持老年宜居住宅的开发，推动和扶持老年人家庭无障碍设施的改造，为老年人创造无障碍居住环境。

第七章 参与社会发展

第六十六条 国家和社会应当重视、珍惜老年人的知识、技能、经验和优良品德，发挥老年人的专长和作用，保障老年人参与经济、政治、文化和社会生活。

第六十七条 老年人可以通过老年人组织，开展有益身心健康的活动。

第六十八条 制定法律、法规、规章和公共政策，涉及老年人权益重大问题的，应当听取老年人和老年人组织的意见。

老年人和老年人组织有权向国家机关提出老年人权益保障、老龄事业发展等方面的意见和建议。

第六十九条 国家为老年人参与社会发展创造条件。根据社会需要和可能，鼓励老年人在自愿和量力的情况下，从事下列活动：

（一）对青少年和儿童进行社会主义、爱国主义、集体主义和艰苦奋斗等优良传统教育；

（二）传授文化和科技知识；

（三）提供咨询服务；

（四）依法参与科技开发和应用；

（五）依法从事经营和生产活动；

（六）参加志愿服务、兴办社会公益事业；

（七）参与维护社会治安、协助调解民间纠纷；

（八）参加其他社会活动。

第七十条 老年人参加劳动的合法收入受法律保护。

任何单位和个人不得安排老年人从事危害其身心健康的劳动或者危险作业。

第七十一条 老年人有继续受教育的权利。

国家发展老年教育，把老年教育纳入终身教育体系，鼓励社会办好各类老年学校。

各级人民政府对老年教育应当加强领导，统一规划，加大投入。

第七十二条 国家和社会采取措施，开展适合老年人的群众性文化、体育、娱乐活动，丰富老年人的精神文化生活。

第八章　法律责任

第七十三条　老年人合法权益受到侵害的，被侵害人或者其代理人有权要求有关部门处理，或者依法向人民法院提起诉讼。

人民法院和有关部门，对侵犯老年人合法权益的申诉、控告和检举，应当依法及时受理，不得推诿、拖延。

第七十四条　不履行保护老年人合法权益职责的部门或者组织，其上级主管部门应当给予批评教育，责令改正。

国家工作人员违法失职，致使老年人合法权益受到损害的，由其所在单位或者上级机关责令改正，或者依法给予处分；构成犯罪的，依法追究刑事责任。

第七十五条　老年人与家庭成员因赡养、扶养或者住房、财产等发生纠纷，可以申请人民调解委员会或者其他有关组织进行调解，也可以直接向人民法院提起诉讼。

人民调解委员会或者其他有关组织调解前款纠纷时，应当通过说服、疏导等方式化解矛盾和纠纷；对有过错的家庭成员，应当给予批评教育。

人民法院对老年人追索赡养费或者扶养费的申请，可以依法裁定先予执行。

第七十六条　干涉老年人婚姻自由，对老年人负有赡养义务、扶养义务而拒绝赡养、扶养，虐待老年人或者对老年人实施家庭暴力的，由有关单位给予批评教育；构成违反治安管理行为的，依法给予治安管理处罚；构成犯罪的，依法追究刑事责任。

第七十七条　家庭成员盗窃、诈骗、抢夺、侵占、勒索、故意损毁老年人财物，构成违反治安管理行为的，依法给予治安管理处罚；构成犯罪的，依法追究刑事责任。

第七十八条　侮辱、诽谤老年人，构成违反治安管理行为的，依法给予治安管理处罚；构成犯罪的，依法追究刑事责任。

第七十九条　养老机构及其工作人员侵害老年人人身和财产权益，或者未按照约定提供服务的，依法承担民事责任；有关主管部门依法给予行政处罚；构成犯罪的，依法追究刑事责任。

第八十条 对养老机构负有管理和监督职责的部门及其工作人员滥用职权、玩忽职守、徇私舞弊的，对直接负责的主管人员和其他直接责任人员依法给予处分；构成犯罪的，依法追究刑事责任。

第八十一条 不按规定履行优待老年人义务的，由有关主管部门责令改正。

第八十二条 涉及老年人的工程不符合国家规定的标准或者无障碍设施所有人、管理人未尽到维护和管理职责的，由有关主管部门责令改正；造成损害的，依法承担民事责任；对有关单位、个人依法给予行政处罚；构成犯罪的，依法追究刑事责任。

第九章　附　则

第八十三条 民族自治地方的人民代表大会，可以根据本法的原则，结合当地民族风俗习惯的具体情况，依照法定程序制定变通的或者补充的规定。

第八十四条 本法施行前设立的养老机构不符合本法规定条件的，应当限期整改。具体办法由国务院民政部门制定。

第八十五条 本法自 2013 年 7 月 1 日起施行。

中华人民共和国残疾人保障法

（1990 年 12 月 28 自第七届全国人民代表大会常务委员会第十七次会议通过　1990 年 12 月 28 日中华人民共和国主席令第 36 号公布　2008 年 4 月 24 日第十一届全国人民代表大会常务委员会第二次会议修订通过　2008 年 4 月 24 日中华人民共和国主席令第 3 号公布　2018 年 10 月 26 日第十三届全国人民代表大会常务委员会第六次会议修正通过　2018 年 10 月 26 日中华人民共和国主席令第 16 号公布自 2018 年 10 月 26 日起实施）

目　录

第一章　总　则

第一条　为了维护残疾人的合法权益，发展残疾人事业，保障残疾人平等地充分参与社会生活，共享社会物质文化成果，根据宪法，制定本法。

第二条　残疾人是指在心理、生理、人体结构上，某种组织、功能丧失或者不正常，全部或者部分丧失以正常方式从事某种活动能力的人。

残疾人包括视力残疾、听力残疾、言语残疾、肢体残疾、智力残疾、精神残疾、多重残疾和其他残疾的人。

残疾标准由国务院规定。

第三条　残疾人在政治、经济、文化、社会和家庭生活等方面享有同其他公民平等的权利。

残疾人的公民权利和人格尊严受法律保护。

禁止基于残疾的歧视。禁止侮辱、侵害残疾人。禁止通过大众传播媒介或者其他方式贬低损害残疾人人格。

第四条　国家采取辅助方法和扶持措施，对残疾人给予特别扶助，减轻或者消除残疾影响和外界障碍，保障残疾人权利的实现。

第五条　县级以上人民政府应当将残疾人事业纳入国民经济和社会发展规划，加强领导，综合协调，并将残疾人事业经费列入财政预算，建立稳定的经费保障机制。

国务院制定中国残疾人事业发展纲要，县级以上地方人民政府根据中国残疾人事业发展纲要，制定本行政区域的残疾人事业发展规划和年度计划，使残疾人事业与经济、社会协调发展。

县级以上人民政府负责残疾人工作的机构，负责组织、协调、指导、督促有关部门做好残疾人事业的工作。

各级人民政府和有关部门，应当密切联系残疾人，听取残疾人的意见，按照各自的职责，做好残疾人工作。

第六条　国家采取措施，保障残疾人依照法律规定，通过各种途径和形式，管理国家事务，管理经济和文化事业，管理社会事务。

制定法律、法规、规章和公共政策，对涉及残疾人权益和残疾人事业的重大问题，应当听取残疾人和残疾人组织的意见。

残疾人和残疾人组织有权向各级国家机关提出残疾人权益保障、残疾人事业发展等方面的意见和建议。

第七条　全社会应当发扬人道主义精神，理解、尊重、关心、帮助残疾人，支持残疾人事业。

国家鼓励社会组织和个人为残疾人提供捐助和服务。

国家机关、社会团体、企业事业单位和城乡基层群众性自治组织，应当做好所属范围内的残疾人工作。

从事残疾人工作的国家工作人员和其他人员，应当依法履行职责，努力为残疾人服务。

第八条 中国残疾人联合会及其地方组织，代表残疾人的共同利益，维护残疾人的合法权益，团结教育残疾人，为残疾人服务。

中国残疾人联合会及其地方组织依照法律、法规、章程或者接受政府委托，开展残疾人工作，动员社会力量，发展残疾人事业。

第九条 残疾人的扶养人必须对残疾人履行扶养义务。

残疾人的监护人必须履行监护职责，尊重被监护人的意愿，维护被监护人的合法权益。

残疾人的亲属、监护人应当鼓励和帮助残疾人增强自立能力。

禁止对残疾人实施家庭暴力，禁止虐待、遗弃残疾人。

第十条 国家鼓励残疾人自尊、自信、自强、自立，为社会主义建设贡献力量。

残疾人应当遵守法律、法规，履行应尽的义务，遵守公共秩序，尊重社会公德。

第十一条 国家有计划地开展残疾预防工作，加强对残疾预防工作的领导，宣传、普及母婴保健和预防残疾的知识，建立健全出生缺陷预防和早期发现、早期治疗机制，针对遗传、疾病、药物、事故、灾害、环境污染和其他致残因素，组织和动员社会力量，采取措施，预防残疾的发生，减轻残疾程度。

国家建立健全残疾人统计调查制度，开展残疾人状况的统计调查和分析。

第十二条 国家和社会对残疾军人、因公致残人员以及其他为维护国家和人民利益致残的人员实行特别保障，给予抚恤和优待。

第十三条 对在社会主义建设中做出显著成绩的残疾人，对维护残疾人合法权益、发展残疾人事业、为残疾人服务做出显著成绩的单位和个人，各级人民政府和有关部门给予表彰和奖励。

第十四条 每年5月的第三个星期日为全国助残日。

第二章　康　复

第十五条　国家保障残疾人享有康复服务的权利。

各级人民政府和有关部门应当采取措施，为残疾人康复创造条件，建立和完善残疾人康复服务体系，并分阶段实施重点康复项目，帮助残疾人恢复或者补偿功能，增强其参与社会生活的能力。

第十六条　康复工作应当从实际出发，将现代康复技术与我国传统康复技术相结合；以社区康复为基础，康复机构为骨干，残疾人家庭为依托；以实用、易行、受益广的康复内容为重点，优先开展残疾儿童抢救性治疗和康复；发展符合康复要求的科学技术，鼓励自主创新，加强康复新技术的研究、开发和应用，为残疾人提供有效的康复服务。

第十七条　各级人民政府鼓励和扶持社会力量兴办残疾人康复机构。

地方各级人民政府和有关部门，应当组织和指导城乡社区服务组织、医疗预防保健机构、残疾人组织、残疾人家庭和其他社会力量，开展社区康复工作。

残疾人教育机构、福利性单位和其他为残疾人服务的机构，应当创造条件，开展康复训练活动。

残疾人在专业人员的指导和有关工作人员、志愿工笔者及亲属的帮助下，应当努力进行功能、自理能力和劳动技能的训练。

第十八条　地方各级人民政府和有关部门应当根据需要有计划地在医疗机构设立康复医学科室，举办残疾人康复机构，开展康复医疗与训练、人员培训、技术指导、科学研究等工作。

第十九条　医学院校和其他有关院校应当有计划地开设康复课程，设置相关专业，培养各类康复专业人才。

政府和社会采取多种形式对从事康复工作的人员进行技术培训；向残疾人、残疾人亲属、有关工作人员和志愿工笔者普及康复知识，传授康复方法。

第二十条　政府有关部门应当组织和扶持残疾人康复器械、辅助器具的研制、生产、供应、维修服务。

第三章　教　育

第二十一条　国家保障残疾人享有平等接受教育的权利。

各级人民政府应当将残疾人教育作为国家教育事业的组成部分，统一规划，加强领导，为残疾人接受教育创造条件。

政府、社会、学校应当采取有效措施，解决残疾儿童、少年就学存在的实际困难，帮助其完成义务教育。

各级人民政府对接受义务教育的残疾学生、贫困残疾人家庭的学生提供免费教科书，并给予寄宿生活费等费用补助；对接受义务教育以外其他教育的残疾学生、贫困残疾人家庭的学生按照国家有关规定给予资助。

第二十二条　残疾人教育，实行普及与提高相结合、以普及为重点的方针，保障义务教育，着重发展职业教育，积极开展学前教育，逐步发展高级中等以上教育。

第二十三条　残疾人教育应当根据残疾人的身心特性和需要，按照下列要求实施：

（一）在进行思想教育、文化教育的同时，加强身心补偿和职业教育；

（二）依据残疾类别和接受能力，采取普通教育方式或者特殊教育方式；

（三）特殊教育的课程设置、教材、教学方法、入学和在校年龄，可以有适度弹性。

第二十四条　县级以上人民政府应当根据残疾人的数量、分布状况和残疾类别等因素，合理设置残疾人教育机构，并鼓励社会力量办学、捐资助学。

第二十五条　普通教育机构对具有接受普通教育能力的残疾人实施教育，并为其学习提供便利和帮助。

普通小学、初级中等学校，必须招收能适应其学习生活的残疾儿童、少年入学；普通高级中等学校、中等职业学校和高等学校，必须招收符合国家规定的录取要求的残疾考生入学，不得因其残疾而拒绝招收；拒绝招收的，当事人或者其亲属、监护人可以要求有关部门处理，有关部门应当责令该学校招收。

普通幼儿教育机构应当接收能适应其生活的残疾幼儿。

第二十六条　残疾幼儿教育机构、普通幼儿教育机构附设的残疾儿童班、特殊教育机构的学前班、残疾儿童福利机构、残疾儿童家庭，对残疾儿童实施学前教育。

初级中等以下特殊教育机构和普通教育机构附设的特殊教育班，对不具有接受普通教育能力的残疾儿童、少年实施义务教育。

高级中等以上特殊教育机构、普通教育机构附设的特殊教育班和残疾人职业教育机构，对符合条件的残疾人实施高级中等以上文化教育、职业教育。

提供特殊教育的机构应当具备适合残疾人学习、康复、生活特点的场所和设施。

第二十七条 政府有关部门、残疾人所在单位和有关社会组织应当对残疾人开展扫除文盲、职业培训、创业培训和其他成人教育，鼓励残疾人自学成才。

第二十八条 国家有计划地举办各级各类特殊教育师范院校、专业，在普通师范院校附设特殊教育班，培养、培训特殊教育师资。普通师范院校开设特殊教育课程或者讲授有关内容，使普通教师掌握必要的特殊教育知识。

特殊教育教师和手语翻译，享受特殊教育津贴。

第二十九条 政府有关部门应当组织和扶持盲文、手语的研究和应用，特殊教育教材的编写和出版，特殊教育教学用具及其他辅助用品的研制、生产和供应。

第四章　劳动就业

第三十条 国家保障残疾人劳动的权利。

各级人民政府应当对残疾人劳动就业统筹规划，为残疾人创造劳动就业条件。

第三十一条 残疾人劳动就业，实行集中与分散相结合的方针，采取优惠政策和扶持保护措施，通过多渠道、多层次、多种形式，使残疾人劳动就业逐步普及、稳定、合理。

第三十二条 政府和社会举办残疾人福利企业、盲人按摩机构和其他福利性单位，集中安排残疾人就业。

第三十三条 国家实行按比例安排残疾人就业制度。

国家机关、社会团体、企业事业单位、民办非企业单位应当按照规定的比例安排残疾人就业，并为其选择适当的工种和岗位。达不到规定比例的，按照国家有关规定履行保障残疾人就业义务。国家鼓励用人单位超过规定比例安排残疾人就业。

残疾人就业的具体办法由国务院规定。

第三十四条 国家鼓励和扶持残疾人自主择业、自主创业。

第三十五条　地方各级人民政府和农村基层组织，应当组织和扶持农村残疾人从事种植业、养殖业、手工业和其他形式的生产劳动。

第三十六条　国家对安排残疾人就业达到、超过规定比例或者集中安排残疾人就业的用人单位和从事个体经营的残疾人，依法给予税收优惠，并在生产、经营、技术、资金、物资、场地等方面给予扶持。国家对从事个体经营的残疾人，免除行政事业性收费。

县级以上地方人民政府及其有关部门应当确定适合残疾人生产、经营的产品、项目，优先安排残疾人福利性单位生产或者经营，并根据残疾人福利性单位的生产特点确定某些产品由其专产。

政府采购，在同等条件下应当优先购买残疾人福利性单位的产品或者服务。

地方各级人民政府应当开发适合残疾人就业的公益性岗位。

对申请从事个体经营的残疾人，有关部门应当优先核发营业执照。

对从事各类生产劳动的农村残疾人，有关部门应当在生产服务、技术指导、农用物资供应、农副产品购销和信贷等方面，给予帮助。

第三十七条　政府有关部门设立的公共就业服务机构，应当为残疾人免费提供就业服务。

残疾人联合会举办的残疾人就业服务机构，应当组织开展免费的职业指导、职业介绍和职业培训，为残疾人就业和用人单位招用残疾人提供服务和帮助。

第三十八条　国家保护残疾人福利性单位的财产所有权和经营自主权，其合法权益不受侵犯。

在职工的招用、转正、晋级、职称评定、劳动报酬、生活福利、休息休假、社会保险等方面，不得歧视残疾人。

残疾职工所在单位应当根据残疾职工的特点，提供适当的劳动条件和劳动保护，并根据实际需要对劳动场所、劳动设备和生活设施进行改造。

国家采取措施，保障盲人保健和医疗按摩人员从业的合法权益。

第三十九条　残疾职工所在单位应当对残疾职工进行岗位技术培训，提高其劳动技能和技术水平。

第四十条　任何单位和个人不得以暴力、威胁或者非法限制人身自由的手段强迫残疾人劳动。

第五章　文化生活

第四十一条　国家保障残疾人享有平等参与文化生活的权利。

各级人民政府和有关部门鼓励、帮助残疾人参加各种文化、体育、娱乐活动，积极创造条件，丰富残疾人精神文化生活。

第四十二条　残疾人文化、体育、娱乐活动应当面向基层，融于社会公共文化生活，适应各类残疾人的不同特点和需要，使残疾人广泛参与。

第四十三条　政府和社会采取下列措施，丰富残疾人的精神文化生活：

（一）通过广播、电影、电视、报刊、图书、网络等形式，及时宣传报道残疾人的工作、生活等情况，为残疾人服务；

（二）组织和扶持盲文读物、盲人有声读物及其他残疾人读物的编写和出版，根据盲人的实际需要，在公共图书馆设立盲文读物、盲人有声读物图书室；

（三）开办电视手语节目，开办残疾人专题广播栏目，推进电视栏目、影视作品加配字幕、解说；

（四）组织和扶持残疾人开展群众性文化、体育、娱乐活动，举办特殊艺术演出和残疾人体育运动会，参加国际性比赛和交流；

（五）文化、体育、娱乐和其他公共活动场所，为残疾人提供方便和照顾。有计划地兴办残疾人活动场所。

第四十四条　政府和社会鼓励、帮助残疾人从事文学、艺术、教育、科学、技术和其他有益于人民的创造性劳动。

第四十五条　政府和社会促进残疾人与其他公民之间的相互理解和交流，宣传残疾人事业和扶助残疾人的事迹，弘扬残疾人自强不息的精神，倡导团结、友爱、互助的社会风尚。

第六章　社会保障

第四十六条　国家保障残疾人享有各项社会保障的权利。

政府和社会采取措施，完善对残疾人的社会保障，保障和改善残疾人的生活。

第四十七条　残疾人及其所在单位应当按照国家有关规定参加社会保险。

残疾人所在城乡基层群众性自治组织、残疾人家庭，应当鼓励、帮助残疾人参加社会保险。

对生活确有困难的残疾人，按照国家有关规定给予社会保险补贴。

第四十八条 各级人民政府对生活确有困难的残疾人，通过多种渠道给予生活、教育、住房和其他社会救助。

县级以上地方人民政府对享受最低生活保障待遇后生活仍有特别困难的残疾人家庭，应当采取其他措施保障其基本生活。

各级人民政府对贫困残疾人的基本医疗、康复服务、必要的辅助器具的配置和更换，应当按照规定给予救助。

对生活不能自理的残疾人，地方各级人民政府应当根据情况给予护理补贴。

第四十九条 地方各级人民政府对无劳动能力、无扶养人或者扶养人不具有扶养能力、无生活来源的残疾人，按照规定予以供养。

国家鼓励和扶持社会力量举办残疾人供养、托养机构。

残疾人供养、托养机构及其工作人员不得侮辱、虐待、遗弃残疾人。

第五十条 县级以上人民政府对残疾人搭乘公共交通工具，应当根据实际情况给予便利和优惠。残疾人可以免费携带随身必备的辅助器具。

盲人持有效证件免费乘坐市内公共汽车、电车、地铁、渡船等公共交通工具。盲人读物邮件免费寄递。

国家鼓励和支持提供电信、广播电视服务的单位对盲人、听力残疾人、言语残疾人给予优惠。

各级人民政府应当逐步增加对残疾人的其他照顾和扶助。

第五十一条 政府有关部门和残疾人组织应当建立和完善社会各界为残疾人捐助和服务的渠道，鼓励和支持发展残疾人慈善事业，开展志愿者助残等公益活动。

第七章　无障碍环境

第五十二条 国家和社会应当采取措施，逐步完善无障碍设施，推进信息交流无障碍，为残疾人平等参与社会生活创造无障碍环境。

各级人民政府应当对无障碍环境建设进行统筹规划，综合协调，加强监督管理。

第五十三条 无障碍设施的建设和改造，应当符合残疾人的实际需要。

新建、改建和扩建建筑物、道路、交通设施等，应当符合国家有关无障碍设施工程建设标准。

各级人民政府和有关部门应当按照国家无障碍设施工程建设规定，逐步推进已建成设施的改造，优先推进与残疾人日常工作、生活密切相关的公共服务设施的改造。

对无障碍设施应当及时维修和保护。

第五十四条 国家采取措施，为残疾人信息交流无障碍创造条件。

各级人民政府和有关部门应当采取措施，为残疾人获取公共信息提供便利。

国家和社会研制、开发适合残疾人使用的信息交流技术和产品。

国家举办的各类升学考试、职业资格考试和任职考试，有盲人参加的，应当为盲人提供盲文试卷、电子试卷或者由专门的工作人员予以协助。

第五十五条 公共服务机构和公共场所应当创造条件，为残疾人提供语音和文字提示、手语、盲文等信息交流服务，并提供优先服务和辅助性服务。

公共交通工具应当逐步达到无障碍设施的要求。有条件的公共停车场应当为残疾人设置专用停车位。

第五十六条 组织选举的部门应当为残疾人参加选举提供便利；有条件的，应当为盲人提供盲文选票。

第五十七条 国家鼓励和扶持无障碍辅助设备、无障碍交通工具的研制和开发。

第五十八条 盲人携带导盲犬出入公共场所，应当遵守国家有关规定。

第八章　法律责任

第五十九条 残疾人的合法权益受到侵害的，可以向残疾人组织投诉，残疾人组织应当维护残疾人的合法权益，有权要求有关部门或者单位查处。有关部门或者单位应当依法查处，并予以答复。

残疾人组织对残疾人通过诉讼维护其合法权益需要帮助的，应当给予支持。

残疾人组织对侵害特定残疾人群体利益的行为，有权要求有关部门依法查处。

第六十条 残疾人的合法权益受到侵害的，有权要求有关部门依法处理，或者依法向仲裁机构申请仲裁，或者依法向人民法院提起诉讼。

对有经济困难或者其他原因确需法律援助或者司法救助的残疾人，当地法律援助机构或者人民法院应当给予帮助，依法为其提供法律援助或者司法救助。

第六十一条　违反本法规定，对侵害残疾人权益行为的申诉、控告、检举，推诿、拖延、压制不予查处，或者对提出申诉、控告、检举的人进行打击报复的，由其所在单位、主管部门或者上级机关责令改正，并依法对直接负责的主管人员和其他直接责任人员给予处分。

国家工作人员未依法履行职责，对侵害残疾人权益的行为未及时制止或者未给予受害残疾人必要帮助，造成严重后果的，由其所在单位或者上级机关依法对直接负责的主管人员和其他直接责任人员给予处分。

第六十二条　违反本法规定，通过大众传播媒介或者其他方式贬低损害残疾人人格的，由文化、广播电视、电影、新闻出版或者其他有关主管部门依据各自的职权责令改正，并依法给予行政处罚。

第六十三条　违反本法规定，有关教育机构拒不接收残疾学生入学，或者在国家规定的录取要求以外附加条件限制残疾学生就学的，由有关主管部门责令改正，并依法对直接负责的主管人员和其他直接责任人员给予处分。

第六十四条　违反本法规定，在职工的招用等方面歧视残疾人的，由有关主管部门责令改正；残疾人劳动者可以依法向人民法院提起诉讼。

第六十五条　违反本法规定，供养、托养机构及其工作人员侮辱、虐待、遗弃残疾人的，对直接负责的主管人员和其他直接责任人员依法给予处分；构成违反治安管理行为的，依法给予行政处罚。

第六十六条　违反本法规定，新建、改建和扩建建筑物、道路、交通设施，不符合国家有关无障碍设施工程建设标准，或者对无障碍设施未进行及时维修和保护造成后果的，由有关主管部门依法处理。

第六十七条　违反本法规定，侵害残疾人的合法权益，其他法律、法规规定行政处罚的，从其规定；造成财产损失或者其他损害的，依法承担民事责任；构成犯罪的，依法追究刑事责任。

第九章　附　则

第六十八条　本法自 2008 年 7 月 1 日起施行。